EIN HERZ UND EINE HÜTTE

buch & media

Im Rahmen der Industrialisierung und Auflösung der Kolonien weltweit versuchten die »neuen Länder« eine schnelle Umwandlung der wirtschaftlichen Lage, um das gleiche Niveau zu erreichen wie das in der alten Welt. Da die Sklaverei verboten war, wurden Millionen von Europäern nach Südamerika gelockt, auch mit zum Teil falschen Versprechen. Es war ein Geschäft mit der Hoffnung …

Meine Großeltern waren dabei: Sie wollten als Italiener in Argentinien, Uruguay, Paraguay und Brasilien ein neues Leben beginnen.

Cinzia Buss (geb. Martino) geboren in Rom 1961, besuchte das wissenschaftliche Gymnasium. Im Jahr 1979 reiste sie nach Frankfurt am Main, wo sie 20 Jahre lebte. Dort wurde sie Kommunikationselektronikerin im technischen Mittleren Dienst bei der Deutschen Telekom. Mit der Privatisierung des Unternehmens zog sie nach Ostfriesland, die Heimat ihres Ehemanns. Orazio Martino, der berühmter Krokodilflüsterer von Dietzenbach ist ihr Bruder.

Cinzia Buss

EIN HERZ UND EINE HÜTTE

Die Geschichte meiner Großeltern in Südamerika

buch & media

Weitere Informationen über den Verlag und sein Programm:
www.buchmedia-publishing.de

Originalausgabe
Juli 2018
Buch&media Publishing, München

Umschlaggestaltung: Johanna Conrad
ISBN print: 978-3-95780-141-8
ISBN epub: 978-3-95780-142-5
ISBN pdf: 978-3-95780-143-2
Printed in Germany

INHALT

Meine Großeltern im Jahre 1927 in Rio de Janeiro

ERSTES KAPITEL

EIN BILD UND SEINE GESCHICHTE

Als mein Opa väterlicherseits 2001 im Alter von 99 Jahren starb, bekam ich als Erbe lediglich die Kopie seines Verlobungsbilds aus dem Jahr 1927. Es zeigt ihn in Rio de Janeiro, wo er sehr verliebt in der Hacienda neben Oma stand. Ich nahm es ihm nicht übel, sie hatten fünf Kinder, sehr viele Enkelkinder und ich war bloß eines von ihnen.

Eine Zeit lang wohnten wir ganz in der Nähe, ich durfte Oma und Opa damals oft besuchen. Oma war stets herzlich, obwohl sie viel Arbeit hatte, und ich genoss die zärtlichen Momente mit ihr.

Es geschah meistens im Winter, wenn sich Kälte und Dunst auf die Gemüter legten und die älteren Menschen kleine Wehwehchen spürten. Da saßen wir dann alle gemeinsam um dem Kamin, in dem das Holz knisterte und hin und wieder tausend kleine Funken aufstoben, aufbrausend wie ein Vulkan, der gerade explodiert.

Ich spürte bleischwere Müdigkeit, meine Glieder versagten langsam ihre Dienste, mein Kopf lag auf Omas Schoß, mein Blick war starr auf das Feuer gerichtet. Da, in diesem intimen Moment, öffnete sie mir ihr Herz und begann mit einem tiefen Seufzen zu erzählen:

Es geschah in der Zeit der großen Auswanderungen. Millionen von Europäern verließen den Kontinent, die meisten für immer. Die Süditaliener wurden als Bauern in Südamerika gebraucht. Diese Auswanderung dauerte in Italien von der Gründung 1861 bis zum Wirtschaftsaufschwung der 1960er Jahre. Die Vereinigung Italiens hatte einiges verbessert, wie beispielsweise die Wasserversorgung und die ärztliche Betreuung. Die Kindersterblichkeit wurde gemindert, jedoch führte der bessere Gesundheitszustand der Gesellschaft auch zu Überbevölkerung, welche Armut hervorbrachte.

In ganz Südamerika wurde den Eingeborenen Land abgenommen und an Offiziere, Beamte oder Mitglieder des Adels verteilt, die zur Verteidigung der Ländereien auch Gebrauch von Waffen machten. Im Gegenzug für das zur Verfügung gestellte Land verpflichteten sie sich, Steuern an die Krone zu zahlen. Am 15. November 1889 wurde in Brasilien mit der Abschaffung der Sklaverei die Republik ausgerufen.

Die Einwanderer aus Europa dienten als Ersatzarbeitskräfte. Der südamerikanische Kontinent war riesengroß, beinahe menschenleer und verfügte über ein großes Kontingent an Ressourcen. Die weißen Europäer sollten dem Kontinent beim Wirtschaftswachstum und bei der Industrialisierung helfen. Die Länder Europas waren zu diesem Zeitpunkt von Propaganda überflutet. Diese Propaganda wurde von Brasilien organisiert. Die Banken Englands gaben Brasilien Kredite für die Überfahrtkosten der Auswanderer. Diese Kosten wurden schon in Arbeitsverträgen als Kredit erfasst. Der deutsche Kaiser veranlasste Reglungen zu Rechten und Pflichten für die deutschen Auswanderer mit den jeweiligen Zielländern. Das bewahrte das Volk vor Ausnutzung und Betrug. Sie warben mittels Netzwerken von Agenten und Subagenten für Fazendas und Landwirtschaft und wollten so Familien nach Südamerika locken. Schon vor der Umsiedlung nach Südamerika wurden Arbeitsverträge unterzeichnet, damit die Kosten für die Überfahrt der Auswanderer bis zum brasilianischen Hafen vorab gedeckt waren. Pro Arbeiter kassierten die Agenten ein Kopfgeld, Schifffahrtsgesellschaften engagierten zusätzliches Personal, das in Gaststätten, Reisebüros und Bahnhöfen Reklamezettel verteilte. Auch mittels Plakaten und Zeitungsannoncen und sogar in Gebetsbüchern wurde geworben. Das Geschäft mit den fremden Arbeitskräften war überaus lukrativ, denn für die Ernte von Kaffee und Zucker benötigte man dringend Arbeitskräfte, die man daher einschiffen ließ.

ZWEITES KAPITEL

ASSUNTO

Argentinien war fast menschenleer, nachdem die Ureinwohner von den Kolonisatoren getötet oder ins Landesinnere vertrieben worden waren. Das Land hatte sehr unterschiedliche klimatische Verhältnisse und Bodenbeschaffenheiten. Die Pampa macht den größten Teil des Landes aus. Bei der Pampa handelt sich um eine subtropische Grassteppe. Im Westen wachsen viele baumartige Mimosen und verschiedene Distelarten, die von den heimischen Eseln sehr geschätzt werden. Die Erdschicht besteht aus rötlichem oder gelbem tonigem, sandigem Boden. Vor allem die Staaten Argentinien, Uruguay und Brasilien bestehen aus weiten Teilen aus überaus fruchtbarem Pampaboden und Lösssedimenten. In Wänden aus Löss finden neben zahlreichen Pflanzenarten auch Bienen, Wespen und Vogelarten, wie Mauersegler oder Bienenfresser, einen Lebensraum. Die hier und da gelegenen kleinen Seen spiegeln die Sonneneinstrahlung mit erstaunlicher Stärke zurück. Das Klima tagsüber ist sehr heiß, nachts hingegen fallen die Temperaturen stark ab. Zwischen April und Mai kommt es häufig zu heftigen, mehrere Tage andauernden Regenfällen, begleitet von malerischen und kraftvollen Gewitterschauspielen. Niedrige Bäume bieten einen angenehmen Schatten in der drückenden Hitze. In der flachen, unbegrenzten Eintönigkeit der Ebene liegen hier und da Wiesengründe, immer wieder finden sich gebleichte Knochenreste, und überall lauern giftige Schlangen. In manchen Teilen des Landes sind weite Strecken von Rosmarin bedeckt. Viele Gegenden im Norden sind mit saftigen Wiesen, rosa Diesteln und grünen Wäldern bewachsen. Es gibt allerdings auch giftige Pflanzen, einige von ihnen wurden von den Europäern mitgebracht.

Opa lebte auf einer Estanzia in Argentinien, einem Landgut mit extensiver Weidewirtschaft, mit Mastrindern, Schafen und Milchkühen. Die mehrere Hektar großen Weiden waren so angelegt, dass nach der Schlachtung der Tiere diese schnell verschifft werden konnten.

Es war Frühlingsanfang, es herrschte Hochbetrieb. Auf der Estanzia wurden alle Kräfte mobilisiert, vor allem die der Saisonarbeiter. Die Arbeitsabläufe waren gut organisiert. Eine Gruppe, die Gauchos, führte die Herde zur Absperrung, nachdem diese tagelang aus der gesamten Umgebung zusammengetrieben worden waren. Zahlreiche Hunde halfen dabei, sie hatten die Gewohnheit, die Milch der Schafe zu trinken, wenn der Durst sie quälte. Die nächste Gruppe fing die Tiere aus der Absperrung mit dem Lasso, zur Not auch mit Hilfe von Bolas. Bei einer Bola handelt es sich um eine Schnur mit drei Kugeln am Ende. Es ist eine Wurfwaffe, die es in verschiedenen Ausführungen gibt. Bolas waren vor allem bei Jägern und Rinderhirten in Gebrauch. Um die richtige Schleudertechnik zu erlernen, bedarf es vieler Stunden Übung. Ein Ende wird mit der Hand gehalten, die anderen drei Enden werden über dem Kopf gekreist und auf die Beine des zu fangenden Tieres geworfen, damit dieses stolpert. Wenn die Stiere beim Fangen zu wild waren, mussten die Fänger zu Stierkämpfern und Folterknechten werden. Die Schinder verrichteten im Anschluss ihre Arbeit mit einer Geschicklichkeit und Schnelligkeit, die ihresgleichen sucht. Die Schlachter erledigten den Rest mit dem Beil – nichts war so widerlich wie die Umgebung der Schlachterei. Die stinkenden Ausströmungen von ausgeweidetem Wild, das Geschrei und stöhnende Geheul der sterbenden Tiere und Hundegebell beherrschten die Umgebung. Viele der riesigen Geier, die über der argentinischen Ebene kreisten, kamen aus dem Umkreis von zwanzig Meilen, um von den Schlachtabfällen zu zehren.

Zur Estanzia gehörten Häuserkomplexe mit Vorratsschuppen, kleinen Stallungen für Pferde, Geflügel und Schweine.

Der Tag neigte sich dem Ende zu, die schon lange abgeschwächten Sonnenstrahlen ließen die Schatten immer länger werden, bedeckten sie mit einem rubinroten Schleier. Der Himmel zerlief in wachsende längliche Streifen, als wolle er das Geschehen auf dem Boden widerspiegeln.

Selbst die weißen Disteln erschienen rosa, eine spürbare kühle Brise kündigte die Nacht an. Die Jungs trugen Ponchos, die gleichzeitig auch als Decke dienten. Ponchos sind gebräuchliche Mäntel in Südamerika, ein Stück Tuch mit einem Schlitz in der Mitte für den Kopf, das meist in bunten Farben gestrickt ist. Um mehrere Lagerfeuer waren junge Leute versammelt. Es waren die Aufseher sowie die Schlachter, die Stierkämpfer und die Stiertreiber. Sie saßen im Kreis bei einem gemeinsamen Schmaus versammelt und vergaßen während des gemütlichen Beisammenseins ihre schmerzenden Glieder. Leuchtkäfer erhellten die Ebene, als wollten sie die Sterne herausfordern. Die Anwesenden waren fast alle junge Männern, viele hatten ihre Heimat schon lange nicht mehr gesehen, andere waren hier geboren.

»Na, Assunto, wie war es beim Treiben der Tiere?«

Assunto war erst dreizehn Jahre alt. Er hatte ein rundes Gesicht mit noch kindlichen Zügen, gekräuseltes, blondes Haar und türkisblaue Augen. Man sagt, dies sei die Farbe der Seele und Freundschaft, welche die Fähigkeit hatte, zwischen blau und dunkelgrün zu wechseln, je nach Gemütslage.

Nach einer kurzen Pause antwortete Assunto sichtlich erschöpft und doch begeistert: »Es war toll. Überall saftige Wiese und Wälder. Ich habe den Algarrobo gesehen, eine Art Johannisbrotbaum. Seine getrockneten und anschließend gemahlenen Früchte lieferten den Ureinwohnern Brot. Ich habe auch eine Art Trauerweide gesehen, ihr Holz ist unzerstörbar. Und einen Timbó-Baum, der riesenhaft war und mit seiner Krone einer ganze Herde Sonnenschutz bot.«

»Wie habt ihr ohne Wasser ausgehalten?«, fragte Luigi.

Luigi war Assuntos bester Freund. Er war bereits erwachsen und somit eher ein Mentor oder Vaterersatz. Luigi war schmächtig, hatte wildes, langes Haar, ein freundliches, längliches Gesicht mit Bart und war braungebrannt.

»Ja, das war so eine Kunst für sich. Wenn die Veteranen nicht da gewesen wären, wären wir verdurstet. Sie haben versteckte Quellen entdeckt, in denen schmutziges, aber frisches Wasser floss.«

Die Stechmücken machten sich in Scharen über die am Lagerfeuer Versammelten her.

»Ärgerlich, diese Viecher, warum haben sie nur in der Arche Noah überlebt?«, stöhnte Mario.

Manolo, ein Kreole, der afrikanische und indigene Wurzeln hatte und den das Fernweh plagte, erwiderte: »Damals, als das Nomadenleben einem Gaucho nicht verboten war, gehörte uns das ganze Land. Um uns herum weideten ganze Herden von wilden Pferden und Rindern. Wir waren eine ehrenwerte Gemeinschaft und sehr geschätzt, sogar von der Armee. Wir haben uns politisch engagiert und Gewerkschaften gegründet. Das ist wohl der Grund, warum die Gemeinschaft aufgelöst wurde.«

Die Gitarre stimmte eine Melodie an und alle sangen mit: »Mein Pferd und meine Frau fuhren nach Salta, mein Pferd soll wiederkommen, auf die Frau kann ich verzichten.«

Ein älterer Mann fragte: »Wisst ihr noch von Gauchito Gil? Es ist bald dreißig Jahre her …«

Die Stimmung wurde beinahe feierlich, dies war die Stunde der Helden und Heiligen.

»Gauchito Gil war ein Landarbeiter und verliebte sich in eine Witwe. Die Brüder der Witwe und ein Polizist (der heimliche Verehrer der Witwe) machten Jagd auf ihn. So entschloss er sich, in die argentinische Armee einzutreten und kämpfte im Tripel-Allianz-Krieg gegen Paraguay. Als in Argentinien der Bürgerkrieg ausbrach, weigerte er sich, gegen die Brüder zu kämpfen und desertierte. Er lebte im Wald, wo er reiche Vorbeiziehende überfiel, um den Armen zu helfen. Eines Tages wurde er gefasst, kopfüber an einen Mesquitenbaum gehängt und geköpft. Sein Kopf wurde anschließend zwischen zwei dicken Ästen platziert. Dem Henker sagte er noch: ›Dein Sohn ist krank, ich werde sterben. Wenn du mich anbetest, ist er gerettet.‹ Als der Henker daheim den todgeweihten Sohn sah, betete er zu Gil, worauf der Junge gesund wurde. Heute wird Gil nicht nur in Corrientes, seiner Heimat, verehrt, sondern in ganz Argentinien und in den Nachbarländern, am 8. Januar, seinem Todestag, findet stets ein Fest ihm zu Ehren statt.«

»Ich bin auch dorthin gepilgert«, erzählte ein anderer Mann.

Assunto fühlte, wie sein Herz pochte vor Aufregung, ja, er wollte auch ein guter Gaucho werden, genau wie Luigi. Seine Reitkünste wollte er ebenfalls verbessern.

Einige riefen plötzlich: »Patagonier, erzähle uns deine Geschichte, bitte!«

Sogleich riefen alle im Chor: »Patagonier, Patagonier!«

»Patagonier« war der Spitzname für Pippo. Er hatte die Schulden, die durch die Verschiffung entstanden waren, zurückbezahlt und war nun ein freier Mensch. Er arbeitete als Saisonarbeiter überall, wo Hilfe benötigt wurde.

»In Ordnung, sagte er. »Aber nur, wenn ihr alle still seid. Ich war nicht allein, wir waren zu viert, von Rawson an der Küste zum Atlantischen Ozean nach Conceptión, an der Küste des Pazifischen Ozeans, unterwegs. Praktisch durch Patagonien. Unterwegs haben wir einiges gesehen: die Quillajas, Seifenbäume, deren Früchte lecker sind. Die Araucaria imbricata, deren Früchte nach Kastanien schmecken. Die Micrococcus chilensis, auch wunderbar, ist eine Art Kokosnuss. Wenn ihr Saft eingekocht wird, erhält man Palmenhonig.«

Alle lauschten gebannt, obwohl einige die Geschichte schon unzählige Male gehört hatten. Einer schrie: »Assunto, mach den Mund zu, sonst kommen die Fliegen rein.«

Wieder lachten alle.

Pippo sprach weiter: »Dort waren auch Beeren, die in deutschen Gebieten wachsen: Johannisbeeren und Brombeeren. Die Leute mögen sie nicht, die Ranken sind widerspenstig und wachsen unaufhaltsam mit ihren Stacheln. Die Deutschen backen damit Kuchen und pressen Saft daraus. Unterwegs hat sich uns ein echter Ureinwohner angeschlossen, ein Patagonier. Ein großer, schlanker Mann mit dunkler Haut und langen, schwarzen Haaren, die mit Lederriemen zusammengebunden waren. Er trug einen prächtigen Mantel, der sehr schön verarbeitet war. Seine Hose bestand aus Guanako-Fell, war aus Sehnen vom Strauß genäht und reich verziert. Das Innere bestand aus seidenartiger Wolle. Er hat mir viel beigebracht. Kennt ihr den Tee der Ureinwohner?«

»Nein«, sagte Mario. »Erzähle!«

»Ist gut«, fuhr der Patagonier fort. »Sie kochen getrocknete Maisblätter und trinken den Tee mit Strohhalmen. Unterwegs haben wir große und kleine Pampashasen mit Bolas gejagt, ich sage euch, das ist eine echte Leistung, die zu fangen. Einer wog gut acht Kilo, wenn sie auf Hinterläufen stehen, erinnern sie an Kängurus. Die Fellfärbung variiert von hellbraun bis dunkelgrau, der Bauch hingegen ist weiß. Ihre verlassenen Bauten dienen anderen Tieren als Lebensraum. Es gab dort hübsche Vögel mit traumhaften langen Federn in prachtvollen Farben und die dortigen Schlangen waren sehr schmackhaft.«

»Was war mit der Überschwemmung?«, fragte Marco. »Stimmt es, dass die anschwellenden Flüsse sich verbinden und zu einem Meer werden?«

»Ich weiß davon, aber wir waren nicht dort. Die Strecke dahin ist zu sumpfig und in den Anden regnet es viele Tage ohne Unterbrechung. Die Blitze sind riesengroß und stark, besonders die Katzenkralle, die den Himmel waagrecht zerreißt. Der Boden war einmal so eingeweicht, dass eine ganze Herde Büffel stecken geblieben war. Das war extrem. An manchen Stellen ragten nur noch die Hörner aus dem sumpfigen Boden. Jede Nacht musste einer Wache halten, weil wir Angst hatten vor Ureinwohnern, Überschwemmungen, Feuerbrünsten, Rotwölfen.«

»Erzähle von den Wölfen«, unterbrach ihn Mario.

»Die Rotwölfe leben in Rudeln, sie sind nachtaktiv, in der Nacht leuchten die Augen rot.« Während seiner Worte beobachtete Pippo die Kollegen, die gebannt zuhörten. Dann fuhr er fort: »Man munkelt, sie seien die Sprösslinge des Teufels.«

»Lass das«, unterbrach ihn Marco. »Es ist schon dunkel, außerdem sind noch Kinder hier.«

Darauf schrien die anderen: »Wenn es dir nicht passt, gehe doch!«

»Ist gut, erzähle weiter«, sagte Marco.

»Ihr Geheule erinnert an das von Kojoten. Kennt ihr die Geschichte schon?«

»Nein«, sagten alle im Chor.

»So ein Quatsch«, erwiderte der Professor. Das war der Spitzname von Rosario, denn er wusste alles besser.

»Dann erzähl selber«, schlugen die anderen vor.

»Es war so …«, fing der Professor an. »Ein Märchen erzählt, dass ein Hund, ein Fuchs und ein Kojote auf Wassersuche waren. Alles lief gut, bis sich der Hunger bemerkbar machte. Als es Nacht wurde, legte sich der Hund schlafen, der Fuchs und der Kojote hatten etwas anderes im Sinn. So geschah es, dass der Fuchs den Hund tötete und mit dem Kojoten teilte. Nun gelang es dem schlauen Kojoten auch den Fuchs zu überlisten und zu töten. Der Kojote, zufrieden und gesättigt, versuchte einzuschlafen, da traf ihn ein mächtiger Blitz. Als er zu sich kam, war er ein Hund, seine Haare zimtrot wie die eines Fuchses, sein Rücken schwarz. So war der Rotwolf geboren. Die Moral der Geschichte: Man soll Freundschaft nicht für selbstverständlich halten und seine Freunde nicht verraten.«

Die leisen Klänge der Gitarre wiegten die um das Feuer Versammelten in den Schlaf, eine kühle Brise streichelte ihre müden Glieder. Umgeben vom Funkeln der Leuchtkäfer auf den Wiesen und den leuchtenden Sternen über ihnen schlummerten sie schließlich ein.

DRITTES KAPITEL

DOMENICA

Es geschah an einem Sonntag im Frühling. Morgendämmerung bedeckte das Land und weckte mit ersten Sonnenstrahlen die Welt aus ihrer nächtlichen Trunkenheit.

Busse hielten am Hafen von Neapel, Leute stiegen aus, andere kamen mit der Bahn. Es waren ganze Bauernfamilien mit vielen Kindern, die meisten trugen das einzige gute Kleidungsstück, das sie besaßen. Die Stille des Morgens wurde von Lärm und lauten Stimmen unterbrochen. Die Kinder waren sehr aufgeregt und die Erwachsene hatten alle Hände voll zu tun, die Gruppe zusammenzuhalten. Sie hatten sich den Hafen von Neapel vor ihrer Ankunft wie ein Weltwunder vorgestellt. Besonderes für die Dorfbewohner aus den Bergen war schon der Hafen mit dem Blick aufs Meer eine Augenweite. Neapel hatte schon immer die Errungenschaften einer modernen Großstadt – wo Träume wahr werden. Seine kulturelle Vielfalt und der Einfluss von vielen königlichen Herrschaften machte Neapel nicht nur malerisch schön, sondern auch in viele Abschnitte seiner Geschichte zur wichtigsten Stadt Europas. Sein Volk ist stets herzlich, romantisch und offen, obwohl ihm kalte Schauer über den Rücken laufen, wenn es Unheil von allen Seiten umgibt.

Am Kai lagen zwei Segelschiffe vertäut. Beide gigantisch, ein Dreimaster und ein Zweimaster, beide stark verwittert. Möwen schaukelten auf den Wellen oder hockten auf den Holzpflastern der Piers, die Luft roch nach Teer und Salzwasser. Auch auf dem Wasser fing es an, belebter zu werden, immer mehr Fischerboote steuerten auf das offene Meer hinaus. Von der Bucht gegenüber drangen das Heulen von Maschine, lautes metallisches Kreischen, das allmählich ohrenbetäubend wurde, und fast regelmäßige Hammerschläge, die klangen wie der Rhythmus eines Herzens. Mit schäumender Bugwelle brausten Handelsboote an ihnen vorbei. Der Hafen wachte langsam auf, heulte, brüllte, knallte und schnell gewöhnte man sich an den Lärm und das rege Treiben.

Im Südosten war der rauchende Berg in seiner ganzen Größe zu sehen.

»Da, Mama, der Vesuv«, sagte eines der Kinder und alle staunten ehrfürchtig.

Nach dem Hafen bestaunten sie nun die Dampfer und Segelschiffe, die im Hafen vor Anker lagen. Die Schiffe zitterten in der Strömung, die an den Tauen zerrte. Voller Freude und Ungeduld fragten die Kinder ständig: »Mutter, wo ist unser Schiff? Das ist riesig!«

»Dieses hier ist aber schöner«, entgegnete ein anderes Kind.

Eine Gruppe Männer musterte sie. »Nein«, sagte einer. »Das ist nicht unser Schiff. Das ist die *Lloyd*, sie ist nur für Fahrten um das Adriatische Meer gedacht. Unser Schiff ist die *Astro Amerika*.«

»Seit der Einigung Italiens 1861 ist der Hafen vernachlässigt worden«, sagte einer der Männer. »Schade drum. Der Hafen von Neapel zählte zu den wichtigste Europas. Seit der Einigung wurde er nicht mehr gefördert. Diesen wirtschaftlichen Niedergang kompensieren die Behörden seit 1880 nur mit einem Elektrizitätswerk und einem Bahnanschluss. Als ob das den Hafen wiederbeleben würde«, brummte der andere.

Der andere nickte. »Kennst du noch die Geschichte vom Segelschiff *Leibnitz* aus der Hamburger Reederei Sloman?«

»Ja, sicher, aber leise, die Kinder …« Flüsternd erzählte er weiter: »Das war eine Katastrophe! Von 550 Reisenden haben nach 70 Tagen am 21. Januar 1868 nur etwa 450 den Zielhafen erreicht. Über 100 Menschen sind der Cholera erlegen.«

Ein Mann namens Carlo, der als Saisonarbeiter zwischen Brasilien und Argentinien pendelte, mischte sich ein: »Halb so wild, in Südamerika starben zwischen 1874 und 1892 12.000 Italiener an Gelbfieber.«

Andere gesellten sich dazu und erzählten: »Heute sind sie schneller, früher haben die Segelschiffe und Dampfer länger gebraucht, bis zu 45 Tagen. Mein Vater war dabei, als im September 1858 das HAPAG-Dampfsegelschiff *Austria* auf der Fahrt von Hamburg nach New York in Brand geriet und auf der Neufundlandbank sank. Beim Ausräuchern des Decks mit Teer war Feuer ausgebrochen. Von den 538 Passagieren an Bord überlebten nur 89 Leute das Unglück.«

Ein lautes schrilles Pfeifen ertönte, dann eine Lautsprecher-Stimme: »Meine Damen und Herren, in Kürze wird die *Astro Amerika* der Reederei Österreichischer Lloyd nach Rio de Janeiro hier im Hafen anlegen. Bitte bleiben Sie hinter der Absperrung und bitte passen Sie auf die Kinder auf.«

Eine Absperrung hielt das Volk zurück, zwei Matrosen hielten Wache. Die Kinder, müde und doch gleichzeitig aufgedreht, konnten das Warten kaum mehr aushalten.

»Wann ist es so weit? Wann legen wir endlich ab?«

Der Schleier der Nacht hatte sich endgültig verflüchtigt, es wurde immer heller.

Plötzlich hörte man ein verzweifeltes Brüllen: »Pass auf die Fahrkarte auf!«

»Bei Gott, das sind unsere Arbeitsverträge!«, war die Antwort.

Ein weiterer Schrei: »Da, ich sehe was!«

Und alle entgegneten aufgeregt: »Wo denn?«

»Ach, war doch nichts!«

Alle Blicke waren auf den Horizont gerichtet, die Geduldsfäden der Leute wurden sehr dünn, die Zeit schien unendlich langsam zu vergehen.

Immer wieder waren in der Menge Rufe zu hören: »Wie lange noch?«

Die Wellen schlugen schäumend gegen die Hafenmauer, ein salziger Geruch lag in der Luft, eine sanfte Brise legte sich wohltuend über die erhitzten Gesichter.

»Da, eine Rauchwolke!«

In der Tat war dort am Horizont eine Rauchschwade zu sehen, sie war aber sehr weit entfernt. Doch allmählich nahmen die Umrisse des Dampfers Form an und näherte sich schließlich dem Hafen mit lautem Getöse, begleitet von Jubelschreien. Der Dampfer *Astro Amerika* war in der Ferne noch klein erschienen, dann aber offenbarte er sich zu einem Riesen, dessen Seitenwände so hoch wie ein Hochhaus in die Luft ragten. Man musste den Kopf in den Nacken legen, um bis nach ganz oben zu sehen.

Matrosen winkten zum Gruß und die Kinder winkten fröhlich zurück. Endlich legte der Dampfer am Hafen an. Alle stiegen ein und nahmen Platz unter Deck oder auch im Laderaum.

Die lange Fahrt über den Ozean begann. Erst jetzt schauten einige mit Sehnsucht auf die Stadt zurück, die sich um die Bucht schlängelte, mit ihren modernen Gebäuden nun heruntergekommen und den spitzen Schornsteinen, die allesamt wie Girlanden um den großen Berg, als Zeugnis von Größe, schimmerten.

Schon jetzt fühlten die Ersten, wie ihr Heimweh wuchs. Auf den mittlerweile belebten Straßen fuhren Pferdekutschen, Adelige in pompöser Kleidung und einfache Hafenarbeiter waren zu sehen.

Eines der Kinder schubste die anderen beiseite: »Lass mich auch mal an das Bullauge!«

»Kinder, nicht drängeln«, mahnte die Mutter.

»Wohin fahrt ihr?«, fragte ein Junge einen anderen.

»Wir gehen auf eine Hacienda.«

»Und wir zu einer Bauernfamilie«, erwiderte ein anderes Kind.

Laute Geräusche und das wilde Plätschern des Wassers kündigten die baldige Abfahrt an.

»Ich kann nichts sehen«, schimpfte ein Kind.

»Wir fahren!«, rief ein anderes.

»Mutter, ich habe Kaffeebohnen gefunden!«, rief wieder ein anderes.

»Oh, ich auch!«

Eifrig machten sich die Kinder auf die Suche. Unter ihnen war Domenica, die mit ihrer neunköpfigen Familie reiste. Sie war zierlich, blass und auffällig klein, hatte ein ovales, freundliches Gesicht, lockiges, schulterlanges Haar und rissige Hände.

Die Luft unter Deck war unerträglich stickig. Zudem musste man sich in Acht nehmen, denn es waren Diebe unterwegs. Einen Blick aus dem Bullauge zu werfen, daran war nicht zu denken, so viel Andrang war dort.

Schließlich blies das Schiffshorn dem Hafen seinen Gruß zu. Wellen klatschten schäumend an die Außenwände des Dampfers. War dies ein Abschied für immer? Domenica schlief ein und träumte.

Domenica schaute aus dem Fenster. Ein Sommergewitter tobte sich aus, die Luft war stickig. Zu Hause ging es lautstark zu, die Geschwister beschwerten sich, während die Großmutter zum stöhnenden Großvater ins Nebenzimmer eilte. An das Öffnen der Fenster war nicht zu denken. Erstens waren sie defekt, zweitens vertrug Großvater keine kalte Luft. Die alte Gasse aus dem Mittelalter ließ das Regenwasser zu einer gewaltigen

Flut anschwellen. Die Fässer unter den Dachrinnen waren schon gefüllt. Donner und Blitze beherrschten die Bühne, als wollten sie den Himmel zerreißen und das Wasser niederschleudern. Die Mutter kochte am Kamin einen Topf Bohnen. Es war nicht viel und musste für alle reichen. Die Geschwister versuchten zu schlafen, in der Ecke mit Stroh und Decken.

Jemand hatte ein Akkordeon und stimmte Lieder aus der Heimat an. Domenica erwachte schweißgebadet. Schwermut lag über ihnen, die schönen Lieder aber verbesserten die Stimmung und schon bald berieten sich die Männer über ihre jeweiligen Zielorte. Die Jugendlichen saßen im Kreis und erzählten sich Gruselgeschichten.

»Ich habe von Tiefseeungeheuern mit langen Tentakeln gehört, die ganze Schiffe verschlungen haben!«, erzählte einer. Nach einer kurzen Pause, in der die anderen erfürchtig schwiegen, fuhr er fort: »Christoph Kolumbus soll vom Verrücktspielen seines Kompasses und einer Flamme berichtet haben, die auf das Meer fiel.«

Ein anderer fügte hinzu: »1872 wurde die *Mary Celeste* verlassen auf halbem Weg zwischen den Azoren und Portugal auf dem Meer aufgefunden. Sie war ein Geisterschiff!«

»Man nennt es Teufelsdreiecke, wenn das Wasser spiegelglatt ist und sehr hell leuchtet«, sagte der erste Jugendliche. »Dann muss man sehr ruhig bleiben, sonst …«

Plötzlich gab es ein lautes Gepolter.

»… sonst wird man mit Haut und Haaren verschlungen!«

Die Kleinen, die im Verborgenen heimlich gelauscht hatten, rannten mit panischem Geschrei davon. Die Mutigen aber blieben mit finsterem und ernstem Gesichtsausdruck.

Jemand fragte in die Runde: »Was ist der Unterschied zwischen Hacienda, Fazenda, Ranch und Familienbetrieb?«

Carlo, der Pendler, der schon viel gesehen hatte, erklärte: »Im Grunde ist alles das Gleiche. Manche betreiben Landwirtschaft mit Viehzucht, um im großen Stil Fleisch zu exportieren. Andere betreiben Plantagebau mit Monokulturen, sie bauen Tabak, Kaffee oder Zucker an. Ranches sind landwirtschaftliche Betriebe inmitten von unbesiedelten, naturbelassenen Landschaften. Sie sind in der Regel traditionell in Familienbesitz.«

»Wieso bauen so viele Kaffee und Zucker an?«, fragte jemand.

»Wegen der Industrialisierung. Es gibt immer mehr Schichtarbeit, das verlangt Disziplin. Um die Hektik zu senken, gibt es Kaffeepausen mit Tabakkonsum. Südamerika will Marktführer im Tabakanbau bleiben.«

Jemand fragte mit leiser Stimme: »Wie lange dauert es, bis man sich einen eigenen Bauernhof kaufen kann?«

»Viele haben es geschafft, man muss auch Glück haben«, fügte ein anderer hinzu.

»Das ist wahr«, sagten einige seufzend und lächelten sich aufmunternd zu.

Eine Weile schwiegen alle, dann fragte einer der Männer: »Ist es wahr, dass es dort komische Tiere gibt? Gürteltiere, Ameisenbären, Faultiere und Tapire? Das sind ja richtige Monster.«

Keiner sprach mehr, die Anspannung war deutlich spürbar.

Gegen Mitternacht erhob sich ein frischer Wind, der bald eine hohe Geschwindigkeit erreichte. Das Krachen der Masten, das Schlagen des Takelwerkes, das Pfeifen des Windes, der an den Segeln rüttelte, der brausende Wellengang, der gegen das Schiff schlug und das kräftige Schaukeln machten den Passagieren unmissverständlich klar, dass entsetzliche Witterung herrschte.

Drei Tage lange wütete das Unwetter. Furcht und Anspannung waren groß, und die Kinder wurden auf das Äußerste geprüft, vor allem die, die ohnehin seekrank waren. Der Anblick war entsetzlich, wenn Meer und Himmel ihre Wasser in tosender Lautstärke mischten.

»Die Elemente haben sich gegen uns geschworen«, stöhnten mehrere.

Einziger Lichtblick waren die anmutigen Lieder, die gesungen wurden. Die Sehnsucht nach Beendigung der Reise stieg ins Unermessliche.

An einem Nachmittag, dem Tag der Ankunft, beruhigten sich die Elemente und vereinigten sich harmonisch am Horizont. Dort streckte sich eine überdimensionale rubinrote Sonne und berührte alles. Rio de Janeiro erschien in seiner ganzen Pracht, die Sehnsucht wich einer großen Freude darüber, die Strapazen der Reise überstanden zu haben.

Strände und Buchten, die sich entlang des Ufers aneinanderreihten, imposante Granithügel, auch Morros genannt, waren die ersten Eindrücke der neuen Heimat. Zu diesen Granithügeln gehörten auch die beiden Wahrzeichens Rios, der 394 Meter hohe Zuckerhut, der auf der Halbinsel Urca in der Guanabara Bucht lag, sowie der 704 Meter hohe Concovado.

Im nördlichen Teil der Stadt waren Paläste zu sehen, königlich verziert und von rotem Schleier umhüllt. Die Regierungsgebäude und Kirchen sahen mit ihren weißen Säulen und hohen, schmalen Fenstern so herrschaftlich und prächtig aus wie in Portugal. Die Innenstadt war lebendig und gepflegt, überall boten winzige Läden Souvenirs, Parfüms und allerlei andere Waren an. An jeder Ecke gab es Cafés und Bars.

Willkommen in Rio de Janeiro, der Hauptstadt des Königlichen Portugals in Brasiliens!« Dies waren die letzten Wörter des Pendlers Carlo.

Alle verabschiedeten sich betrübt voneinander und warteten darauf, abgeholt zu werden. Hinter einer Menge von Hafenarbeitern und Schaulustigen stand eine Holzkarre, vor die zwei Maultiere gespannt waren. Zwei Männer lehnten an einem Baum, plauderten und lachten sehr lebhaft. Der ältere von ihnen rauchte eine Zigarre, der andere hatte einen Grashalm zwischen den Zähnen.

»Da, Frischfleisch, oder was?«, fragte der Ältere.

Der Jüngere spuckte aus, bevor er murmelte: »Du sagst es.«

Die beiden waren Ureinwohner des Stammes der Guaraní. Sie waren braungebrannt und ihre Gesichter hatten zarte, exotisch wirkende Konturen. Sie wirkten vertrauenserweckend und freundlich. Sie waren Vater und Sohn. Der Vater erschien älter, als er war, weil seit vielen Jahren ein großer Kummer an ihm nagte. Eine große Traurigkeit lastete auf ihm, was man an seinem oft gesenktem Kopf und dem zu Boden gerichteten Blick erkannte. Beide trugen Hüte aus Stroh, schwarze Hosen, weiße Hemden mit hochgekrempelten Ärmeln und darüber einen kunstvoll verzierten, bunten Poncho. Ihre Sandalen bestanden aus einer festen Sohle und waren mit Schnüren aus Leder an den Waden befestigt. Der Ältere drängte sich mit einem Zettel in der Hand durch die Menge, darauf stand: »De Luca«.

VIERTES KAPITEL

GAUCHO

Die Arbeit in der Schlachterei neigte sich dem Ende zu. Einige mussten bald zurück zu den Silos, wo die Saisonarbeiter sich verabschiedeten. Den ganzen Tag schon war die Natur ungewöhnlich ruhig gewesen, es war windstill und selbst von den so lästigen Fliegen fehlte jede Spur. Alfonso, ein Gaucho aus der Sippe der Guaraní, war als Vorarbeiter eingestellt. Das heißt, er war verantwortlich für den Arbeitsablauf. Stumm beobachtete er den Himmel.

»Da«, sagte Luigi, »ich vermute, dass es regnen wird.«

»Wollen wir hoffen, dass es nicht allzu viel wird«, antwortete Alfonso.

Gegen Abend erhob sich ein Wind, der die Wolken vor sich herschob, die zuerst weiß-bläulich, später dann dunkel bis schwarz den Himmel verschleierten. Als die nächtliche Dunkelheit bereits eingesetzt hatte, wurde der Himmel plötzlich erleuchtet. Von weiter weg hörte man Leute schreien: »Die Katzenkralle!« Gleich einer Kralle zerriss ein Blitz waagrecht den Himmel und blendete alle. Es war eine Machtdemonstration der Natur, begleitet von prasselndem Starkregen. Alle eilten nun zu den Stallungen, um dort im Stroh schlafen zu können. Das Unwetter erhitzte die Gemüter. So geschah es, dass Assunto eine Schlägerei anzettelte, die bald große Ausmaße annahm. Alfonso und seine Gehilfen hatten alle Hände voll zu tun, Ordnung in das Chaos zu bringen. Als Strafe für sein Vergehen musste Assunto die Nacht vor der Tür verbringen. Alfonso befahl absolute Ruhe und begab sich daraufhin zu der Hütte der Aufseher, wo sie noch alle zusammensaßen.

»Pippo, erzähle uns von Patagonien«, rief einer von hinten.

»Ja, Patagonier, erzähle!«, forderten ihn andere auf und sie mussten fast schreien, weil der platschende Regen außerhalb der Hütte so laut war.

»Einmal galoppierten wir zum Fluss«, begann Pippo und fuhr nach einer kurzen, demonstrativen Pause fort: »Plötzlich stieg uns beißender Geruch in die Nase und schon bald standen die Hügel und die Ebene in Brand. Guanakos rannten uns in Panik entgegen und wir fanden Zuflucht am Fluss. Einige Guanakos wurden auf der Flucht zu Tode getrampelt. Es war ein Inferno! Manchmal verbrennen die Ureinwohner das trockene Gras im Glauben, dass der Boden dadurch fruchtbarer werde. Diese Feuerbrunst hingegen war durch die starke Trockenheit begünstigt worden. Die großen Geier der argentinischen Ebene kreisten gespenstig über uns, sie witterten leichte Beute und verfolgten uns schon den ganzen Tag.«

»Das Fleisch der Guanakos ist sehr schmackhaft, wenn das Tier nicht unter Stress stirbt«, flüsterte Mario seinem Nachbarn zu.

Pippo fuhr fort: »Die Pferde keuchten unter der Last der drückenden Hitze. Manchmal, wenn die Sonne von einer Wolke verhüllt wurde, gab es kleine schattige Bereiche, deren Kühle erquickend war.«

Eine Wolke von Moskitos und Schnaken breitete sich aus, was auf einen Windwechsel hindeutete.

Franco fragte: »Worin unterscheiden sich die Lamas von den Guanakos, den Vikunjas oder Alpakas? Sie leben alle gemeinsam in Herden und sehen fast gleich aus.«

»Lamas und Guanakos spucken gerne ein übel riechendes Sekret, wenn sie bedroht werden«, erklärte Calle. »Vikunjas sind schlank und haben einen zierlicheren Körperbau als die Guanakos. Vikunjas können bis zu 50 Kilogramm wiegen, haben ein schmales, feines Gesicht und hellbraunes Fell am Rücken, während es am Bauch weiß ist. Vikunjas haben das feinste Fell überhaupt, ihre Haare sind feiner als Seide und die teuersten der Welt.«

Luigi fügte hinzu: »Die Alpakas sind die kleine Version von Lamas. Sie können bis zu 65 Kilogramm schwer werden und ihr Fell ist wärmer als Schafwolle. Das Fell eines Lamas erscheint in sämtlichen Farben, weiß, braun und gemischt. Guanakos dagegen sind weiß am Bauch und hellbraun am Rücken.«

»Ich habe auch schon oft Nandus gesehen«, sagte Pippo. »Sie sind eine Art kleiner Vogelstrauß und können eine Höhe von bis zu 1,40 Metern und ein stattliches Gewicht von bis zu 20 Kilo erreichen. Sie haben Gefieder am Hals, Kopf und an den Schenkeln. Außerdem haben sie drei Zehen am Fuß und scharfe Krallen, die sie im Ernstfall zur Verteidigung als Waffe einsetzen. Die Nandus sind zudem schnelle und gute Schwimmer. Der Ruf eines Nandus ähnelt dem Brüllen einer Raubkatze, besonders während der Balz erzeugen sie laut klingelnde Warnrufe, verbunden mit Drohgebärden und gefährlich klingendem Zischen. In der Regel sind sie tagaktiv, doch bei sehr heißen Temperaturen ruhen sie tagsüber und suchen in der Nacht nach Nahrung. Außer in der Fortpflanzungszeit leben sie in Gruppen. In der Pampa leben sie in Einklang mit Guanakos, Vikunjas, Schafen, Rindern und Pampashirschen. Sie sind Allesfresser und ernähren sich sogar von Giftschlangen. Die Weibchen legen ihre goldfarbenen Eier in viele Nester ab und verschwinden anschließend, während die Männchen die Nester bewachen. Einige Eier verfaulen und locken viele Fliegen an. Auf diese Art hat das Männchen ausreichend Nahrung. Nach ungefähr 45 Tagen schlüpfen schließlich die Küken, die sechs Monate lang beim Vater verweilen und von diesem großgezogen werden. Verwaiste Jungtiere werden von anderen Männchen adoptiert.«

»Du bist ein Wissenschaftler, Mann, hier bist du sicher fehl am Platz«, sagte einer der Männer.

»Uuuuh, ich bin ein Nandu«, neckte ein anderer und alle lachten.

Jemand spielte die ersten Takte eines Liedes auf der Gitarre und die anderen stimmten singend mit ein.

Die Kühle der Nacht verflog am folgenden Morgen und mit dem stärker werdenden Nordwind nahm die Trockenheit zu. Alle Arbeitskräfte und Saisonarbeiter, die nicht mehr benötigt wurden, mussten zu den Silos zurück. Um dorthin zu gelangen, mussten sie ein paar Tage entlang der Küste reiten. Luigi und Assunto sollten als Kundschafter voranreiten. Sie trugen weiße Hemden, die Ärmel hochgekrempelt, und darüber einen Poncho. Zudem trugen sie schwarze Hosen, Stiefel aus Fohlenleder mit Sporen aus Silber oder Eisen, jeweils ein Halstuch und einen weißen Sombrero. Zur Ausstattung gehörten außerdem noch ein Gaucho-Messer am Gürtel und eine Chiripá, ein Hosenrock. Die Mähnen ihrer Pferdes waren sehr gepflegt.

»Sag mal, Luigi, was weißt du von Fazendas in Brasilien?«, fragte Assunto.

»Das Verhältnis zwischen den Familienbetrieben und den Hilfsarbeitern ist durch Verträge geregelt und die Nutzungsrechte sind genau definiert. Als Arbeiter bekommt man eine Hütte und ein Stück Land zu Verfügung gestellt, dafür müssen die Kaffeepflanzen instand gehalten werden. Außerdem verpflichtet man sich dazu, in der Erntezeit als Arbeitskraft zu Verfügung zu stehen. Die Familie wird als eine Art Pfand benutzt, zusätzlich muss man in den Geschäften der Fazenda zu Wucherpreisen einkaufen. Auf einer Fazenda herrschen strenge Kontrollen durch ein hierarchisches System von Verwaltern, Vorarbeitern, Arbeitern, Pächtern und Unterpächtern.« Luigi sah Assunto neugierig an. »Willst du da arbeiten?«

»Nein, ich überlege nur, wie es weitergehen soll, wenn meine Eltern die Schulden bezahlt haben.«

Die Hitze wurde allmählich unerträglich, die Mäuler der Pferde schäumten bereits vor Anstrengung. Am Rande der Pampa sahen sie eine verlassene Rancho, eine Art Zelt. Eine Rancho war eine vorrübergehende Unterkunft der Ureinwohner. Sie war mit Zweigen geflochten und mit Kot abgedichtet, als Dach diente Stroh. Die Rancho war umgeben von Pfählen, welche zum Schutz der Pferde, besonders vor Füchsen, dienten.

Luigi und Assunto entfachten ein Lagerfeuer aus trockenem Gras und kochten rasch einen Kaffee. Dazu aß jeder ein Stück Brot und ein geräuchertes Stück Fleisch. Nach einer kurzen Pause ging es weiter, denn es war wichtig, eine Notunterkunft für die Nacht zu finden.

In dieser Nacht näherten sich ihnen Ureinwohner bis auf hundert Schritte. Sie hatten eine hohe, gewölbte Stirn, olivfarbene Haut und waren recht groß, alles in allem gut aussehende Männer. Sie kleideten sich mit den Fellen von Guanakos oder Stinktieren und waren bewaffnet mit Lanzen, Messern, Schleudern, Bolas und Lassos. Assunto und Luigi waren bereit für einen Kampf, mit der Flinte in der Hand, Auge in Auge dem Feind gegenüber.

»Sei ruhig und nimm eine selbstsicherer Haltung an, du bist ein Gaucho, sagte Luigi eindringlich. »Wenn sie Angst wittern, sind wir verloren.«

Die Ureinwohner schrien, machten wilde Bewegungen, aber Luigi und Assunto waren bereit zu töten. Doch urplötzlich, als würden sie weggehext, verschwanden die Feinde wieder. Erst als sie nicht mehr zu erkennen waren, brach Assunto ohnmächtig zusammen.

»Was war los?«, fragte er mit zitternder Stimme, als er wieder zu sich gekommen war.

»Sie sind Räuber und nutzen die politischen Unruhen für ihre Raubzüge«, erklärte Assunto, dessen Gesicht von Angstschweiß benetzt war. »Eigentlich sind es anständige Hirten, die von Ackerbau leben.« Er seufzte. »Da haben wir noch enimal Glück gehabt. Vermutlich haben sie gemerkt, dass sich ein Überfall auf uns für sie nicht gelohnt hätte, da wir nichts von Wert besitzen.«

In dieser Nacht rösteten sie eine Schlange und zwei Meerschweinchen über dem Lagerfeuer. Danach legten sie sich auf den Rücken und beobachteten den Himmel. Es war friedlich, ein rosa Schleier streifte den Mond. Luigi erinnerte sich an die Reise nach Concepción.

»Habe ich das schon erzählt? Auf dem Weg nach Concepción bin ich in den Anden von einem Naturschauspiel überrascht worden.«

»Was genau ist passiert?«, fragte Assunto.

»Die Bergkette stand noch im Schatten der Nacht, die höheren Wipfel aber waren in leuchtendes Rot getaucht, wie von einer Feuersbrunst entzündet.«

»Wie war es in Concepción?«, fragte Assunto und verspürte einen Hauch von Fernweh.

»Dort hat uns das Militär verhaftet und ins Gefängnis gesteckt. Der Ureinwohner war längst schon gegangen, sonst hätten sie ihn gezwungen zu arbeiten. Das ist ein Gesetz, herumstreuende Ureinwohner gelten als Arbeitslose. Da die Weißen ihnen alle Ressourcen genommen haben, sie sind verpflichtet, sie zu beschäftigen. Ein paar Tage später haben sie uns freigelassen, sie suchten flüchtige Vertragsbrecher, um sie ihren Arbeitgebern zurückzubringen. Danach haben wir bei einer Bauernfamilie gearbeitet. Concepción ist eine kleine Stadt von Fischern, die schon oft Erdbeben und Tsunamis erlebt hat. Die meisten, die sich freigekauft haben, ziehen in die großen Städte.« Nachdenklich sagte Luigi noch: »Wenn es so weit ist, muss ich sowieso nach Italien zurück.«

»Was weißt du über den Nordwind?«, fragte Assunto rasch.

»Man sagt, er sei die Ursache für die schlechte Stimmung hierzulande. Er erregt das Nervensystem auf ganz besondere Weise. Die meisten Verbrechen finden angeblich zu Zeiten des Nordwindes statt. Sehr stark ist er an Bodensenkungen in ausgetrockneten Seen.« Ein majestätisches Anwesen raubte in nördlicher Richtung die Aufmerksamkeit. Eine Meile entfernt gen Ost waren drei Silos. In der westlichen Richtung der Anwesen waren Scheunen. Diese drei Stützpunkte markierten die Estanzia in diese Ebene.

»Diese 640 Morgen Land gehören allein unserem Estanziero. Ein riesiges Gebiet, so flach und fruchtbar. Grün, rau und ungenutzt wie jedes andere Stück Land in diese Ebene.«

FÜNFTES KAPITEL

DIE HACIENDA

Sie bekamen Wasser und Proviant gereicht, aßen und tranken nach Herzenslust. Ein Trampelweg, unendlich und geheimnisvoll wirkend, führte durch den Amazonas-Regenwald bis zur Hazienda. Es war sehr ruhig, keiner sprach, sie lauschten gebannt den Klängen des Waldes und dem eintönigen Rütteln des Wagens. Unzählige Bäume unterschiedlichster Art verdunkelten mit ihrem dichten Blattwerk den Wald. In den Geästen der Koniferen wucherte eine Vielzahl von Kletterpflanzen, Schlinggewächsen und Blumen. Der Artenreichtum war einzigartig, eine märchenhafte Vielseitigkeit und Fülle umgab sie plötzlich von allen Seiten. Unterschiedlichste Baumformen, Sträucher, Zwergpalmen, Überreste zu Boden gestürzter Bäume, rätselhafte Pflanzenarten aber auch Überreste von menschlichen Eingriffen in die Natur.

Die Undurchdringlichkeit des Waldes bewirkte, dass kein Luftaustausch stattfand, dass sich der Geruch des feuchten Bodens mit dem der faulenden Gehölzer vermischte und der Gestank von Ausdünstungen über allem hing.

Sperlinge und andere Vögel besangen in sanfter Harmonie das Herankommen der Nacht, das gedämpfte Echo der Lachaffenschreie war zu hören.

»Gibt es hier wilde Tiere?«, fragte Domenica ängstlich.

»Wir sind bald da«, beruhigte sie der ältere Mann. »Solange wir bei euch sind, seid ihr in Sicherheit.« Er warf ihr einen raschen Blick zu. »Mein Name ist übrigens Fernando, ich bin euer Vorgesetzter, wir werden viel miteinander zu tun haben.«

»Welche Gefahren können uns begegnen?«, fragte der kleine Angelo schüchtern.

»Vampirfledermäuse, sie können Tollwut übertragen. Außerdem Jaguare, Pumas, Anakondas. Zudem kann man sich in diesem immergrünen Labyrinth verlaufen oder bösartigen Ureinwohnern begegnen. Und zu langes Verweilen an diesem Ort kann zu Gelbfieberinfektion führen.«

Eine ganze Zeit schwiegen alle nachdenklich, dann sagte Angelo fast vorwurfsvoll: »Ich habe mich am Bein verletzt, tut nicht weh, aber sieht komisch aus.«

Fernando beruhigte ihn: »Sobald ihr an eurem neuen Zuhause seid, werde ich den Arzt zu euch schicken. Eins ist wichtig: Halte die Wunde sauber.«

»Lass mich einmal sehen«, sagt die Mutter und betrachtete stirnrunzelnd das Bein ihres Sohnes.

Anspannung zeigte sich auf den Gesichtern, nur Louis, der junge Ureinwohner, schaute ruhig, etwas belustigt zu.

Es war schon dunkel, als sie an einem riesigen Baum vorbei und unter einem Torbogen hindurch auf die Lichtung fuhren, wo sich das Dorf befand. Der Familie wurde eine Baracke zugewiesen, die schon vorbereitet war mit allerlei Lebensmitteln, einer Kochstelle, einem Eimer Wasser, Betten mit Binsenmatten und grauen Decken.

»Morgen nach dem Frühstück holen wir euch ab«, sagte Fernando. »Der Haciendero möchte euch kennenlernen und alles Weitere besprechen. Sein Name ist im Übrigen Herr Alberto Rui Porco.«

Angelo und Maria rollten sich fast auf dem Boden vor Lachen.

»Sind noch andere Italiener hier?«, wollte der Onkel wissen.

Louis ergriff daraufhin das Wort: »Ja, eure Nachbarn, die Familie Galavotti. Die anderen Arbeiter sind Mestizen, eine Mischung aus Ureinwohnern und Europäern oder Schwarzen und Ureinwohnern. Viele Schwarze sind hier geboren, wir haben auch ein paar Chinesen.«

Nach der Nachricht mit der italienischen Familie seufzten alle erleichtert, Zufriedenheit breitete sich auf ihren Gesichtern aus. Kaum waren sie jedoch unter sich, da sprach die Mutter ihre Belustigung aus: »Lieber Gott, unser Chef ist ein Schwein.«

Schwein heißt auf Italienisch *porco.*

In dieser Nacht träumte Domenica von dem Ausflug im Wald mit ihrem Vater.

Sie sammelten Pilze, die jüngeren Geschwister suchten Eicheln für die Schweine, als plötzlich etwas Rotes frech und herausfordernd aus dem Gestrüpp gesprungen kam und davonlief.

»Vater, ein Fuchs, da!«, rief Domenica.

Sie rannten alle hinterher und blieben vor einem Höhleneingang stehen. Der Vater lief hinein und rief nach kurzer Zeit aufgeregt: »Hierher, das müsst ihr gesehen haben!«

Sie rannten ihm nach und erreichten eine Grotte, wo sie abrupt stehen blieben, unfähig, sich weiter zu rühren.

Ein paar Sonnenstrahlen beleuchteten die Grotte, die in tausend Funken glitzerte.

»Lapislazuli ...«, stotterte der Vater und alle sammelten die blau glänzenden Steine ein.

Erst am nächsten Morgen begutachtete die Mutter die Behausung.

»Recht schäbig«, bemerkte Maria, die als erste nach ihr wach war.

Es war ein schmuckloser, hallender Raum, dessen weißer Putz schimmelte und sich an vielen Stellen von der Wand löste. Alles – der kahle, kalte Steinboden sowie die einfache Holztür – machte einen verwahrlosten Eindruck. Aber der Geruch nach etwas Feinem lag in der Luft.

»Schau mal, Schatz!«, rief die Mutter strahlend vor Freude. »Hier gibt es frischen Kaffee.«

Als alle am Tisch saßen und genüsslich aßen, klopfte es plötzlich an der Tür. Es war der Arzt, ein älterer, kleingewachsener Mann mit schulterlangem Haar. Er hatte einen Filzhut in der einen, Köfferchen in der anderen Hand. Er war augenscheinlich ein Mestizia und machte einen freundlichen Eindruck. Zuerst schaute er sich Angelos Bein an und sein Gesicht verfinsterte sich.

»Nun«, sagte er spielerisch zu dem Jungen, um ihn nicht zu beunruhigen. »Wie heißt du denn?«

»Angelo«, antwortete dieser und heulte daraufhin vor Schmerzen auf.

»So, jetzt ist es gleich gut«, versprach der Arzt, der feuchte Lappen auf die offene Stelle an Angelos Bein presste. Eine gelbrosa Flüssigkeit quoll heraus und damit auch der Schmerz. Nachdem die Stelle verbunden worden war, wollte der Arzt Angelo impfen, doch der Anblick der Spritze war dem Jungen zu viel:

»Nein, nicht!«, empörte er sich und versuchte in Panik zu entkommen, was ihm auch gelungen wäre, wären nicht seine Geschwister sofort zur Stelle gewesen, um ihn – aus Liebe, das versteht sich – festzuhalten. Angelo warf ihnen böse Blicke zu, während sich die Geschwister das Lachen verkneifen mussten.

»Sehr heldenhaft von euch«, kommentierte der Arzt. »Aber ihr seid auch noch dran.«

Angelo musste grinsen und die anderen blickten ihn gekränkt an. »Morgen schaue ich wieder vorbei und verabreiche euch allen ein halbes Milligramm Arsenik, am Abend dann erneut.« Als alle plötzlich ganz ruhig waren, fuhr er rasch fort: »Das schützt euch gegen Gelbfieber, das in dieser Gegend gang und gäbe ist. Bald habt ihr euch an das Klima gewöhnt, dann seid ihr sozusagen immun.«

»Was hat Angelo?«, fragte die Mutter besorgt.

»Die Wunde hat sich entzündet, es besteht Tetanus-Gefahr, aber er schafft das«, beruhigte sie der Arzt. »Achten Sie besonders auf Hygiene, frisches Wasser ist unten am Fluss.« Er setzte seinen Hut auf und verabschiedete sich.

Unterwegs begegnete er Fernando: »Gute Morgen, Herr Jake!«

»Das wünsche ich Ihnen auch!«

Beide lüfteten die Hüte.

Fernando wurde sehnsüchtig erwartet, die Tür war schon offen.

»Guten Morgen, Familie De Luca«, rief er. »Heute machen wir einen Ausflug, ich werde euch alles zeigen. Zuerst haben wir einen Termin bei den Hacienderos, dann zeige ich euch euren Arbeitsplatz und die ganze Hacienda.«

Als sie vor der Barracke die Karre bestiegen, winkten ihnen von Weitem Leute zu, die auf dem Weg zur Zuckerplantage waren.

»Das ist die Familie Galavotti, ihr werdet euch mögen.«

Unterwegs zeigte Fernando ihnen den großen Bogen, unter dem sie in der Nacht in das Dorf gefahren waren. Bei Tageslicht zeigte der Baum daneben sein ganzes Ausmaß.

»Wunderschön«, flüsterten die Kinder.

Bereits nach einer kurzen Strecke sah man die Residenz der Hacienderos: einen zweistöckigen Gebäudekomplex mit schlichter, weißer Fassade und weißen Säulen im neo-klassizistischen Stil.

Im zweiten Stock erstreckte sich eine lange Veranda, der Eingang zeigte in Richtung Osten, wo Häuser im Kreis um die Kirche errichtet waren. In allen anderen Himmelsrichtungen konnte man Plantagen sehen, soweit das Auge reichte. Fernando bemerkte ihr Zögern.

»Das Anwesen selbst besteht aus dem Herrenhaus sowie den Nutzgebäuden und dem Arbeitstrakt. Es beherbergt an die 150 Personen, von denen nur 25 weiße Hautfarbe haben.«

Um das Haus herrschte reges Treiben von Hausangestellten, die allesamt Schürzen und braune Baumwollkleider trugen.

»Ich werde euch noch den Laden zeigen, wo ihr einkaufen müsst. Es gibt ein Postamt, um Geld in die Heimat zu überweisen und eine Schule. Wir haben seit 1900 Schulpflicht für Kinder, außerdem steht hier das Gefängnis.«

Fernando erzählte von Kopfgeldjägern, welche früher die Aufgabe gehabt hatten, entlaufene Sklaven einzufangen, jetzt aber Vertragsbrecher jagten. Vor zehn Jahren noch wurden die Gefangenen in *tronchos* eingeklemmt, durchlöcherte Holzblöcke, die um Hals und Beine gespannt waren. Die Beine blieben gekrümmt, Peitschenhiebe waren dabei genauso üblich wie das Brandmarken an der Hüfte mit glühenden Eisen. Viele begingen Selbstmord, um sich das zu ersparen.

Gegenüber der Zuckerplantage lag die Residenz der Hacienderos, umrahmt von wunderschönen Bäumen mit dichtem Blattwerk. Die Zweige und die Stämme waren weiß angestrichen, wie die weißen Bögen der Terrasse, und kontrastierten mit dem roten Dach und den Außenwänden.

»Bitte, erschreckt euch nicht, wenn euch der Herr Porco begegnet«, sagte Fernando jetzt. »Er sieht speziell aus.«

Die De Lucas warfen sich fragende Blicke zu. Die Kinder wurden von einer Dame in den Garten gebracht. Ein Mann empfing die Erwachsenen.

»Fernando, Sie können hier bleiben«, sagt er. »Meine Herrschaften, ich bin der Haciendero Alberto Rui Porco, der euch die Überfahrt ermöglicht hat, und ich hoffe auf eine gute Zusammenarbeit.«

Die De Lucas saßen am Tisch und sahen hilfesuchend zu Fernando, der wiederum ruhig und gelassen wirkte. Alberto Porco war etwa 45 Jahre alt. Er hatte ein ovales Gesicht, einen Ziegenbart und weit auseinderstehende, kleine Augen. Seine Nase war mächtig, fast könnte man sagen: »Die Nase eines Schweins ist nichts dagegen.« Sein welliges Haar reichte ihm bis in den Nacken. Er hatte einen lebhaften und gleichzeitig frostigen Blick, was eher zügellosen Charakteren eigen ist. Wie die Arbeiter auf der Hacienda trug er eine schlichte schwarze Hose und ein weißes Hemd. Seine Frau dagegen war sehr elegant und farbenfroh gekleidet und benötigte wegen ihrer Rundungen sehr viel Platz. Ihr Blick drückte Langeweile aus, sie sah hochmütig um sich und führte die Hand an ihre gerümpfte Nase, um dem Dunst der Neulinge zu entkommen. Die Hacienderos gingen mit erhobenem Haupt, ihre Missachtung galt den Ureinwohnern, die sie besiegt und deren Güter sie an sich gerissen und die sie somit zur zum Dienst verurteilten Klasse gemacht hatten.

Viele Bedienstete waren Schwarze unterschiedlicher Hauttönung. Diejenigen, bei denen der weiße Anteil sehr ausgeprägt war, waren keine Sklaven, sondern nach Ende der Sklaverei einfach da geblieben. Die Porcos hatten keine Kinder, aber auf der Hacienda waren welche, die dem Haciendero ähnlich sahen.

Als ein etwa zwölf Jahre alter Junge, eine Ureinwohnermischung, half, Erfrischungen zu verteilen, glänzten seine Augen vor Stolz. Zu trinken gab es Chicha, ein aus fermentierten Pflanzen und Rum gewonnenes Bier. Im Amazonas-Flachland wird Rum auch aus Maniok, Pfirsichen oder Palmen gewonnen. Sie werden zerstampf und zur Fermentation einen Tag stehen gelassen.

Für die De Lucas gab es an diesem Tag zudem Empanadas in Halbmondform, in verschiedenen Größen und mit unterschiedlichen Füllungen.

»Willkommen in Brasilien, an unsere Essgewohnheit werdet ihr euch gewöhnen, nun langt zu«, forderte Herr Porco sie auf.

Als den Widerwillen spürte, kam er ohne Umschweife zum Geschäftlichen.

»Das Haus sowie das Grundstück darum herum stehen zu eurer Verfügung, genauso wie das Angebaute. Alle Dienste werden als Schulden eingetragen und mit dem Lohn getilgt. Um euren Jungen steht es nicht gut, selbstverständlich bleibt euch die Entscheidung über seine weitere Behandlung überlassen.«

Die Eltern schauten sich alarmiert an, der Vater brummte: »So viel können wir nicht ausgeben.«

»Um Himmels willen, Angelo«, rief die Mutter verzweifelt. »Ich werde Überstunden machen, bitte.«

»Ich sehe, ihr seid euch nicht einig, Fernando wird sich um euer Anliegen kümmern.« Herr Porco nickte Fernando zu. »Wir haben Zuckerrohr- und Kaffeeplantagen, die Terrassen habt ihr sicherlich schon gesehen. Die Kaffeeplantage soll nur fünfmal im Jahr gepflegt werden. Bei der Ernte seid ihr auch dabei, mit den Überstunden kann man viel dazuverdienen. Zuckerrohr dagegen verlangt einen höheren Arbeitsaufwand, besonders bei der Ernte und der Verarbeitung. Die Pflege von 1000 Kaffeebäumen macht 50 Milreis im Jahr. Ein Arbeiter kann bis zu 6000 Pflanzen pflegen, der Pflücklohn bemisst sich nach Litern, 50 Liter Kaffeekirsche macht 300 bis 500 Milreis, mit Überstunden schafft man locker 800. 800 Milreis – was 800.000 Reis entspricht, das ist die portugiesische Währung. Die meisten von euch sparen bis 2000 Milreis im Jahr, sodass die Schulden schnell abbezahlt werden können.«

Der Vertrag wurde mit Kreuzen unterschrieben, zum Abschied sagte Herr Porco noch: »Fernando wird euch euren Arbeitsbereich zeigen.«

Den Hut lüftend bestätigte Fernando seinen Auftrag. Als sie sicher waren, dass sie nicht mehr von den Porcos gehört wurden, sprachen die Eheleute De Luca leise miteinander und brachen immer wieder in lautes Gelächter aus.

Es war Erntezeit für Kaffee und Zuckerrohr, das gesamte Personal war im Einsatz. Schon frühmorgens, wenn sich der Dunst der Nacht scheu zurückzog und frech und lebhaft die Sonne erschien, ahnte man, wie warm es werden würde. Von den Mitarbeitern befand sich immer mindestens ein Viertel im Haus, in der Küche, der Wäscherei, den Ställen, den Schmieden, andere waren im Obstgarten, in der Maniokmühle oder an der Zuckerrohrpresse. Dazu kamen die Mütter im Kindbett und die Frauen, die sich um Kranke, kleine Kinder oder andere kümmerten, die aus irgendeinem Grund nicht einsatzfähig waren.

Morgens gab es am großen Tisch Frühstück für die Arbeiter, die in der großen Baracke wohnten, hier waren nur Männer ohne Familie. Sie tranken süßen Kaffee und aßen *beijús*, Fladen aus Tapioka, die herzhaft oder süß gefüllt waren, etwa mit Käse oder Marmelade. Sie aßen gelegentlich auch Weizenbrötchen.

Das Tragen des Hutes war oberstes Gebot, besonders die Europäer hätten ansonsten sehr unter der Sonneneinstrahlung gelitten. Das tropische Klima war feuchtwarm, durch die Passatwinde regnete es sehr oft. Wegen der raschen Temperaturwechsel und häufigen Niederschläge machten sich Rheuma-Beschwerden bemerkbar. Der Onkel litt daran und hatte zudem einen Herzfehler. Der Wunsch der De Lucas war es, schnell die Schulden zu bezahlen und weiterzuziehen.

Die Arbeitszeit im Sommer betrug 16 Stunden am Tag, im Winter acht. Man erzählte oft von Caldera, einem Paradies mit einem Gesundheitsbrunnen, der Verjüngung versprach.

Nach der Schule halfen die Kinder, egal wie, jede Hilfe war willkommen. Zuckerrohr war nicht nur wegen der Bewässerung und Anbaumethode sehr arbeitsaufwändig; auch die Ernte, von Januar bis August, und die Weiterverarbeitung benötigten eine gute Organisation. Mit Macheten schnitten die Arbeiter die Zuckerrohrpflanzen dicht über dem Erdboden ab. Die Blätter mussten mit Haken abgestreift, die Stängel kurz oberhalb der letzten reifen Sprosse abgeschnitten werden. Die mittleren Rohre mussten aufgeschichtet, aneinandergebunden und in die Fabrik befördert werden.

Nach drei Tage Zuckerrohrernte hatten alle an den Füßen und Händen Blasen und Schnittwunden, denn die Blätter des Zuckerrohrs waren scharfkantig. Die Kinder hatten einen Sonnenbrand auf der Nase, denn ihre recht helle Haut war es nicht gewohnt, der sengenden Mittagssonne ausgesetzt zu sein.

Für die körperlich Schwächeren gab es Beschäftigung im Mehl-Haus: Die dort Arbeitenden mussten tagaus, tagein Maniokwurzel stampfen und den Brei zu Mehl rösten, was gerade in der unerträglichen Hitze des Sommers sehr anstrengend war. Bei starkem Regen war man in der Fabrik beschäftigt, dort musste man Zucker aus dem Rohr mahlen und die Stängel von den Blättern befreien. Die Stängel wurden zwischen Höckerwalzen zerquetscht und dann in der Mühle unter Beigabe von heißem Wasser entsaftet. Daraus gewann man Zuckersaft, Melasse und Brennstoff. Die Zuckerrohrpresse musste von Muskelkraft am Laufen gehalten werden, da es keine Mühle gab, die von einem Wasserwerk betrieben war. Arbeiter hatten von Morgen bis Abend im Kreis zu gehen.

Aus dem Zuckersaft gewann man Zucker in verschiedenen Formen.

Melasse diente zur Destillation von Rum. Zuckerrohr wuchs am besten in Niederungen, wo es 15 bis 20 Jahre ertragreich sein konnte. Ein Arbeiter konnte bis zu zwei Hektar versorgen. In der Nähe des Atlantiks befand sich der Ciclo do Café, das Dreieck zwischen Rio de Janeiro, São Paulo und Belo Horizonte. Kaffeepflanzen wuchsen 5 bis 10 Meter hoch, ein Hektar war mit 918 Pflanzen bestückt, die Setzlinge wurden auf fruchtbaren Boden gepflanzt und mit Mineralien gedüngt, sie waren pilz-, insekten- und frostempfindlich. Die zwei bis drei Jahre alten Pflanzen mussten dann in drei Meter Abstand voneinander in frisch abgebrannten Waldboden gesetzt werden. Dazwischen wurde als unkrautfreie Zone Gemüse angepflanzt, auf demselben Acker wuchs eine Pflanze, die fast genauso aussah wie Maniok. Man nannte sie Aipim und schätzte sie für ihre Wurzel, eine längliche, große, schwere Knolle mit schwarzer Schale, Maniok wurde vor allem zur Gewinnung von Mehl und Taipioka, einem Stärkebrei, genutzt. Aipim musste geschält werden und wurde dann als ganze Frucht genossen, gekocht, im Fett ausgebacken oder zu Püree vorbereitet. Nach drei Jahren hatte man die ersten Kaffeebohnen, nach fünf bis zehn Jahren konnte man ungefähr fünf Kilo Kaffeekirschen ernten, lukrativ wurde es erst nach 30 bis 40 Jahren. Die im Korb gesammelten Beeren mussten in zementierte Wasserbecken geworfen werden und die unreifen aussortiert werden. Nach dem Schälen der Kaffeekirsche folgte das Stampfen, auf Steinboden oder in Wasser eingeweicht, nach dem Rösten musste der Kaffee sofort verpackt werden.

In der Pause setzten sich alle auf den Boden, an Speis und Trank fehlte es nicht. Für jeden Geschmack war etwas dabei, zum Trinken gab es Chicha, Bier und Rum. Außer Empanadas in verschiedener Größe und mit unterschiedlichen Füllungen gab es Ceviche, rohes Fleisch mit Meeresfrüchten, Gemüse mit in Limettensaft eingelegten Zwiebeln, Koriander und Chili. Als Beilagen gab es Maiskörner und Süßkartoffeln mit Tomaten, aber auch Avocados oder Palmenherzen. Es gab Humitas, in Maisblätter eingewickelter und gekochter Maisbrei mit Käse, Zwiebeln und Eiern. Zum Schluss gab es Pachamanca, dabei wurden verschiedene Fleischsorten, Kartoffeln, Mais und Gewürze mit Maisblättern umwickelt und in einem Topf aus Lehm gegart.

Ein Saisonarbeiter erzählte niedergeschlagen: »In Europa ist Krieg, viele fahren zurück, die Schiffe nach Europa sind im Dauereinsatz, das Verschiffen folgt schleppend.«

»Was genau ist da los?«, fragte ein anderer.

»Genau weiß ich es nicht, in Europa geht alles drunter und drüber. Ich habe es so verstanden, dass Deutschland und Österreich Ungarn den Krieg erklärt haben. Italien ist Teil des Dreierbundes, der bei einem Angriff tätig werden sollte. Die Probleme sind durch die Industrialisierung entstanden, die zur Bevölkerungsexplosion führte, welche die Kolonialpolitik gefördert hat, was nur Unzufriedenheit und zusätzliche Spannung mit sich brachte.« Nach einer Pause, in der alle schwiegen, fuhr er fort: »Mittlerweile spricht man von Nationalismus. Daher wandern wir Italiener überwiegend nach Argentinien, Paraguay und Brasilien aus. Im Südamerika sind viele Deutsche vertreten, in Paraguay gibt es Stadteile, die streng nach Herkunft eingeteilt werden, da ist die Gruppe der Deutschen stark vertreten. Die Italiener haben nur drei kleine Bezirke.«

»Kriegsschiffe sollen schon unterwegs sein«, warf ein andere ein. »Die USA und Brasilien haben schon strengere Einwanderungsregeln in Kraft gesetzt. Sehr viele verlassen auch die USA.«

Ein Schwarzer erzählte: »Ich bin oft in Rio de Janeiro, dort wollen sie eine Christus-Statue bauen, eine Straße zum Corcovado ist schon fertig. Viele besuchen diesen Ort, um sich fotografieren zu lassen, selbst Filmemacher habe ich dort gesehen. Viele Frauen haben sich es zur Aufgabe gemacht, Blättchen für die Statue zu nähen, man sagt, sie wird Tausende benötigen. Sie arbeiten am Sockel, ich kann alles sehen von der Seilbahn zum Zuckerhut.«

»Du Glücklicher, vor lauter Arbeit sehen wir nur Plantagen.«

»Und Moskitos«, riefen einige gleichzeitig. »Wir sind so verbeult.«

Der Schwarze sprach weiter: »In diesen Tage tagt das Gericht gegen einen Haciendero wegen Missbrauchs, da ist schon was los.«

Die Gruppe der Feldarbeiter war eine lange Schlange von Männern wie Frauen. Erschöpft und schmutzig marschierten sie mit letzter Kraft nach Hause, fröhliche Lieder singend. Sie trugen kein Werkzeug bei sich, der Aufseher hatte schon alles eingesammelt. Sie trugen armselige Klamotten und in ihren Gesichtern haftete der rötlich gelbe Staub der Felder. Einige liefen gebeugt, waren zu müde, um sich aufzurichten.

An diesem Abend kam der Onkel betrübt von der Arbeit zurück. Die Tante versuchte, ihn aufzumuntern: »Heute bei der Pause im Feld hat uns die Galavotti erzählt, dass es hier schlecht sei, ein Grundstück zu kaufen. Viele Kolonisten seien wieder enteignet, andere bekämen nie die Besitzurkunde.«

»Was nun?«, fragte der Onkel resigniert.

»Die Deutschen im Süden sind besser dran, sie kämpfen für Reformen, selbst die Regierung steht hinter ihnen. Stell dir vor, innerhalb kurzer Zeit bekommen sie einen Kredit, in São Leopoldo bei Rio Grande do Sul kosten 100.000 Hektar Land 20.000 Milreis. Es gibt auch die Regelung, die Hälfte in bar zu zahlen und die Messungskosten zu übernehmen, dann muss man den Rest erst in zwei Jahren zahlen. Wird das Land nicht bewirtschaftet und schaffen es die neuen Besitzer nicht, innerhalb von zwei Jahren zu zahlen, so verlieren sie alles, auch das Geld.«

»Entsetzlich«, bemerkte der Onkel. »Das ist schlimm.«

»Aber ich weiß mehr«, sagte die Tante fröhlich: »In Paraguay kann man günstiger kaufen.«

»Toll, dann versuchen wir unser Glück in Paraguay«, schlug der Onkel vor.

Die Kinder lauschten in der Stille, als plötzlich Jubelschreie zu hören waren.

Angelo nutzte die Chance: »Vater, ich habe ein Geschenk für euch, ich kann lesen, war sehr fleißig, bitte!«

»Dann los, aber dann wird geschlafen, morgen ist ein harter Tag.«

Angelo las aus *Das Land ohne Übel* und die Spannung war groß, das war endlich ein Zeitvertreib, den sie lange vermisst hatten.

»Es gab Guaraní-Ureinwohner, die im Regenwald lebten. Sie schätzten Mutter Natur und all ihre Gaben. Wir kennen die Vegetation und die Tierwelt, jedoch gibt es auch Schätze unter der Erde und in der Luft. Bei Danksagungsritualen hatten sie dem Himmel die Hände entgegengestreckt, um den großen Geist zu ehren, er möge nicht alles preisgeben. Fremde aber fanden bunte Steine, die glänzten. Diamanten, Smaragde, Rubine, die ihre Herzen vergiftete und habgierig machte. Desto mehr bunte Steine sie aus der Erde holten, desto weniger gedieh das bunte Leben im Wald. Verzweifelt darüber, nichts dagegen tun zu können, starb in

ihnen der Glaube an das Gute. In jener Nacht baten alle am Lagerfeuer, zum Klang von Rasselgeräuschen und Trommelnn den großen Geist um Hilfe. Die Erde öffnete sich, große Mengen Gesteins fanden den Weg nach oben und versperrten den Zugang zum Land ohne Übel. Der aufgewirbelte Staub aus Edelsteinen fiel in den Fluss. Nur wer mit reinem Herzen sucht, wird durch die Edelsteinspuren im Wasser finden, den Weg in das Land ohne Übel, wo Zufriedenheit und Frieden herrschen.«

Diejenigen, die nicht lesen konnten, waren neidisch, aber alle klatschten vor Freude, die Tante konnte sich nicht zurückhalten, Tränen liefen ihr die Wange herunter, so gerührt war sie.

SECHSTES KAPITEL

1917

Filomena war nun, mit 14 Jahren, eine hübsche, junge Frau geworden, mit ihrer schmalen Silhouette und den dunkelblonden, gewellten Haaren, das Maria gerade kämmte.

»Du bist so hübsch, dass die Männer aus der Baracke dir hinterherlaufen würden, wenn sie dich so sehen würden.«

»Maria, du bist auch sehr hübsch. Ich freue mich so, bald ist die Zuckerrohrernte vorbei und dann kann ich mir die Hände etwas pflegen.« Verärgert schrie Maria: »Yaquita, lass das, ich muss noch die Zöpfe binden!«

Die hochschwangere Mutter sagte: »Maria, kümmere dich auch mal um Yaquita.«

Der Vater war in Eile und rief noch: »Filomena, du bist bald dran, mit Rosalia Galavotti Holz zu sammeln, Rigo und Fel fahren euch zum Wald, bitte nicht trödeln, ich erwarte dich auf dem Feld.«

»Ja, du weißt, wie schnell die Jungs sind, Rico muss immer Dummheiten machen.« Filomena küsste schnell die Mutter und schwang sich zur Tür, die ersten Sonnenstrahlen erhellten sie wie einen Engel.

»Ja, so hübsch war ich auch in dem Alter«, seufzte die Mutter.

Der Mann umarmte sie und streichelte ihren runden Bauch: »Für mich bist du das noch heute.«

»Du für mich auch«, antwortete sie lächelnd.

Eine mit leeren Wasserkanistern beladene Karre, vor die zwei Lastpferde gespannt war, wartete schon auf Filomena, die schnell ihren Filzhut und den Poncho übergezogen hatte.

Rosalia saß schon hinten. Bruno Felipe, auch Fel genannt, war schon erwachsen, er führte die Karre. Rico Tijago Rodrigo, der Begleiter, war noch ein Jugendlicher. »Kinder, heute wird es heißer, wir wollen nicht trödeln.«

Es waren circa sechs Kilometer zum Fluss. Auf halber Strecke setzte man die Mädchen zum Holzsammeln ab, um dann auf dem Rückweg gemeinsam zur Siedlung zu fahren.

Freudestrahlend erinnerte sich Rosalia noch: »In der nächsten Woche, am Freitag den siebten September, ist Nationalfeiertag. Der Haciendero gibt uns allen frei, was hast du vor?«

»Ich würde gerne mal in Rio die Parade mit den Umzügen sehen«, antwortete Filomena. »Quatsch«, fiel Rico den beiden ins Wort. »Die Militärparade in Rio ist das Beste. Der Präsident wird auch da sein. Bei der Unabhängigkeitsfeier gibt es dann Musik, Samba und Capoeira Tänze.«

»Aber Rico, Capoeira ist verboten, das weißt du, oder?«, riefen alle zusammen.

»So, Mädchen, aussteigen. Bis bald, gebt Acht auf die Wurzeln, dass ihr euch nicht wieder die Zehennägel abreißt.«

Rosalia und Filomena schauten sich um.

»Da wohnt der Haciendero und da ist unsere Siedlung. Und ich sehe deine Mutter, Rosalia, da, sie winkt.«

Eifrig sammelten sie in kurzer Zeit einen hübschen Stapel Holz. Für einen Augenblick hatten sie sich aus den Augen verloren.

»Filomena, wo bist du, mach keine Scherze, die Jungs sind bald da.«

Nur ein Wimmern deutete ihr den Weg. Rosalia sah Filomena zunächst nicht, denn sie lag im hohen Gestrüpp.

»Was machst du da? Schnell, die anderen kommen.«

Filomena war nicht ansprechbar, ihre Augen fingen langsam an, sich nach oben zu drehen. Sie war blass, Schweiß ran ihr die Wange herunter, und auf ihrer Hand waren zwei Punkte zu sehen. Sie war von einer Schlange gebissen worden.

Von Weitem sah Rosalia schon die Karre sich nähern und machte mit wilden Bewegungen und lauten Rufen auf sich aufmerksam. Nicht nur Rico und Fel merkten, dass etwas passiert sein musste, sondern auch die Frauen auf dem nächsten Feld. Aufgebracht und tränenüberströmt zeigte Rosalia den Männern die Stelle, wo Filomena lag: unbeweglich, irgendwie unwirklich wirkend. Die Männer brachten sie zur Karre, betend, es möge nicht zu spät sein. Davor hatte Rico mit dem Messer Filomenas Hand aufgeritzt, das giftige Blut herausgesogen und ausgespuckt. Doch es war bereits zu spät, das junge Mädchen war tot.

Filomenas Tod stürzte ihre Familie in tiefe Trauer, die Wehen der Mutter setzten ein und schon am Abend kam der kleine Torre gesund zur Welt.

Am Nationalfeiertag hatten alle Feldarbeiter frei bekommen. Obwohl die große Trauer einen Schatten über alle warf, war eine deutliche Euphorie bemerkbar, viele Arbeiter waren nach Rio gefahren um dabei zu sein.

»Der Campeonato Sudamericano der Fußball-Mannschaften findet vom 30. September bis zum 14. Oktober 1917 statt.«

Das hörte man aus allem Munde. Als zurückkamen erzählten sie: »Da, sie tanzen wie Götter, kein Wunder, sie üben schon tagelang. Schulen und Vereine sind auch dabei«, sagte Massimo.

Spontan bildeten die Arbeiter ohne Nachzudenken einen Kreis, und tanzten die Capoeira, auch wenn es verboten war. Im Rhythmus der Tamburine, im immer schneller werdenden Takt, zu unmelodischem Getrommel und Gerassel, begleitet von Saiteninstrumenten, Glocken, Flöten und Pfeifen tanzten in der Mitte zwei junge Männer Capoeira.

Die Capoeira war ein Kampftanz, es ging um Geschicklichkeit, Geschwindigkeit, Gelenkigkeit und Täuschen.

Die Frauen kochten gemeinsam besondere Speisen, auch wenn es ihnen finanziell nicht so gut ging. Es gab Churassco, gegrilltes Fleisch, mit Bohnen und Reis, feijão con arroz. Es gab das typische brasilianische Gericht, die feijoada, einen Eintopf mit Bohnen und Fleischteilen, wie Schweineohren, Schwänzen, Pfötchen und Bauchspeck, dazu gab es weißen Reis und Farinha, geröstetes Maniokmehl, Empanadas und Humitas, Maisbrei mit Käse. Süße Speisen gab es auch im Überfluss, da viele Kinder mitfeierten. Zu trinken gab es Säfte, Chica, Bier und Rum.

Der Haciendero aber, vom Lärm der Instrumente gestört, sah von der Terrasse seines Hauses den verbotenen Tanz. Zuerst war er zornig, aber dann dachte er: ›Was Frauchen nicht weiß, macht mich nicht heiß.‹ Innerlich musste er grinsen. Einer der Jungs hatte ihn bemerkt und der Tanz drohte beendet zu werden, doch der Haciendero zeigte mit dem Daumen nach oben, was bedeutet, dass er den Tanz und die Feierlichkeiten tolerierte, und alle waren zufrieden.

Am 15. Oktober, als die Fußballspiele der südamerikanischen Meisterschaft zu Ende waren, erwarteten die Hacienderos Porco den

Besuch der Nachbarn, die Hacienderos Barros. In der Zwischenzeit hatte die Familie Porco den ersehnten Nachwuchs bekommen. Der kleine Pedro Nuno Porco war schon drei, die kleine Schwester Maria Sofia Felipa Porco erst ein Jahr alt.

Die Feldarbeiter hatten heute einen freien Tag, die Hausdiener aber waren in reger Beschäftigung. In der Küche dampfte es, köstliche Gerüche hingen in der Luft, es herrschte ein Kommen und Gehen von jungen Leuten mit Hauben auf dem Kopf. Gemüse musste vorbereitet, frisches Wasser geholt, Geschirr gespült und die Essensreste entfernt werden. Die Hausherrin war überall zugange und gab Anweisungen:

»Berta, aber nicht so, die Servietten passen nicht dazu.«

»Aber Alda, die Kinder können sich nicht so sehen lassen, ihre Frisuren sind unpassend, gehe zu Lui, er weiß Bescheid.«

Dom Porco saß gemütlich auf der Veranda. Seit er gezähmt wurde, lebte er nach dem Motto: »Was Frauchen will, wird gemacht, dann habe meine Ruhe.« Er genoss eine Zigarre und wurde nur hin und wieder um Rat gebeten.

Die gnädige Frau Porco war in ihrem Element, sie schikanierte, kommandierte, dirigieren. Seit sie die Kinder bekommen hatten, war sie wie verwandelt, die krankhafte Passivität war verflogen, sie war nun wesentlich selbstbewusster und fordernder.

Frau Porco trug eine Art Schirmrock in leuchtendem Orange, darüber ein schwarzes, trägerloses Spitzenkleid mit tiefem Dekolleté, dazu schwarze Stiefel.

Dekorateure waren schon seit Tagen am Umgestalten und wurden in dem Moment fertig, als die Herrschaften Barros eintrafen. Schon aus der Entfernung war ein Gehupe zu hören, und viele rannten in den Hof. Dom Barros kam als Erster in einem dunkelblauen Ford T, der Fahrer saß auf der linken Seite am Steuer. Barros stieg aus, und der Fahrer suchte nach einem Parkplatz, was nicht einfach war, denn schon bald war er umzingelt von Schaulustigen. Kurz danach war schon eine prächtige Kutsche zu sehen, gezogen von hübschen Pferden. Die gnädige Frau Barros und ihre zwei Kinder stiegen aus, und Angestellte nahmen sich der Kutsche an. Der Stahljunge räumte den Platz und kümmerte sich um die Tiere.

Die leichte Brise wehte den Geruch der reifen Früchten aus dem Obstgarten und den Duft der Rosen heran, die Frau Porco so sehr liebte. Frau Josephine Eleonore Sofie Barros trug ein Kleid, das bis zu ihren Knöcheln ging und mit weißer Spitze verziert war, einen Seidengürtel in Türkis und Lackschuhe mit Absätzen in derselben Farbe. Auf dem Kopf trug sie eine Art Sombrero, der mit einem türkisenen Band geschmückt war. Die 16jährige Tochter trug ein weißes, tief ausgeschnittenes Seidenkleid mit aufgestickten weißen Blumen, die aber smaragdgrün schimmerten von dem Unterkleid. Ihre Schuhe und der Seidengürtel waren schwarz. Der weite, weiße Hut war mit einem schwarzen Band und roten Blumen geschmückt. Mutter und Tochter hatten beide einen Kurzhaarschnitt, die Mutter hatte eine leichte Dauerwelle, während die Tochter ihr Haar lockig trug.

Herr Barros trug weiße Karottenhose, weißes Hemd, schwarzen Hut und schwarze Jacke. Der zehnjährige Sohn trug eine Knickerbockerhose, eine Jacke und Kappe, alles in hellblau, dazu weiße Socken und leichte Schuhe.

Nachdem die Hüte und Jacken aufgehängt worden waren, begaben sich alle in einen großen Raum, der geschmackvoll mit Sofas und kleinen Tischen eingerichtet war. In der Mitte stand ein mächtiger Kamin, der bei kühlen Nächten für Wärme sorgte.

Sie grüßten sich herzlich und während sie auf das Mittagessen warteten, gab es einen Aperitif auf der Terrasse. Von dort aus konnte man die ganze Hacienda sehen, von Süd nach Nord, die Siedlung, die Stallungen, die Plantage, den Fluss, noch mehr Plantagen, die Kirche mit einer Schule und das Gefängnis.

Das Wetter meinte es gut mit ihnen, die Sonne schien von einem wolkenlosen Himmel und die Luft war von Düften der Felder überströmt. Im Esszimmer glänzte im Licht der Sonne das mit bunten Ornamenten verzierte große Fenster mit den geräumigen Bögen. An den Wänden hingen hübsche Bilder im Renaissance-Stil, die Jagdszene zeigten.

Nach der Vorspeise, einer leichten Suppe, wurden Fisch und ein Ferkel mit einem Apfel im Maul angeboten, dazu gab es Gemüse. Zur Auswahl standen außerdem noch herzhaft gefüllte Tapioka-Fladen, Bohnen mit Aipim-Püree, Miniok-Grütze mit Krebsen und Pfannkuchen aus breiigem Tapioka.

»Ich habe heute etwas Unerhörtes in der Zeitung gelesen«, sagte Frau Barros mit sanfter Stimme. »Es hieß, dass in Pariser Theatern und Opernhäusern dem Publikum die Abendgardarobe verboten wurde, die Zuschauer erschienen deshalb in Straßenkleidern.«

»Oh ja, und das ist nicht alles«, bestätigte Frau Porco. »In der *Modes et manières d'aujourd'hui* wurden Damengardaroben für verschiedene Situationen vorgestellt. Für Witwen empfehlen sie schwarz und einen Hut mit Schleife.«

Herr Barros ergriff das Wort: »Das *House of Black* nennt Schwarz als Modefarbe für alle Gelegenheiten, total verrückt.«

»Der Campeonato Sudamericano war sehr spannend«, warf der junge Barros eifrig ein. »Immerhin hat Brasilien den dritten Platz ergattert.«

»Das letzte Spiel, Uruguay gegen Argentinien, war großartig«, sagte Herr Barros. »Im Stadium waren 40.000 Fans anwesend.«

Zu trinken gab es Wasser, Säfte, Bier und Kaffee. Die Tochter der Barros spielte ein Paar Sonaten von Beethoven, sie war sehr begabt, alle klatschten begeistert. Als den Kleinen der Porcos langweilig wurde, beschäftigte die Babysitterin sie, die Erwachsenen saßen unter sich auf der Veranda. Im Speiseraum wurde umgeräumt und ein Büffet mit Desserts aufgebaut. Es gab gebratenes Maniokmehl, frittierte Aipim-Wurzeln, karamellisiertes Kartoffelgemüse, Soufflé aus Chuchugemüse, Kokos-Ananas-Törtchen, Aipim-Kuchen und süße Klößchen aus Tapioka und Kokosnuss.

Der Herr Barros sprach im ernsten Ton: »Die Zimmermann-Depesche hätte nicht sein müssen, nun haben auch die USA am 6. April den Krieg erklärt.«

»Was war der Auslöser?«, fragte Herr Porco.

»Die Deutschen haben über die Deutsche Botschaft in Washington ein Schriftstück an die deutschen Gesandten in Mexiko geschickt. In dem Telegramm bot der deutsche Staatssekretär Arthur Zimmermann der mexikanischen Regierung eine militärische Allianz an. Mexiko sollte an der Seite der Mittelmächte in den Krieg eintreten, dafür hätte man als Ausgleich den Landverlust aus dem Mexikanisch-Amerikanischen Krieg 1846 bis 1848 zurückerstattet.«

»Dem britischen Geheimdienst gelang es, die Depeche zu entziffern«, erzählte nun der junge Barros. »Sie übergaben sie den USA. Obwohl die Deutschen in Mexiko eine Militärtruppe stationiert hatten, verhielt sich Mexiko neutral.«

»Seit dem Ersten Weltkrieg geht der Kaffee-Export zurück«, brummte Herr Porco. »Wenn es so weitergeht, ist es schlecht um uns bestellt.«

Die Damen im Nebenraum betrachteten derweil eine Auswahl an exklusiven Parfums in einer Zeitschrift.

»*Cha Ming* und *Jasmiral* sollen blumige Duftnote haben, *N'aimez que moi* eher moschusähnliche.«

Vor ihnen standen *Chanel No. 5*, *Eau de Toilette* und *Eau de Cologne.*

»Oh, ich hätte es fast vergessen«, sagte Frau Barros verlegen und verschwand. Nach einer Weile kam sie zurück. »Hier, meine Liebe, es ist limitiert, aber zum Schluss habe ich es doch bekommen.« Sie gab Frau Porco ein verziertes Päckchen. Diese öffnete es vor der ganzen Belegschaft und stieß einen Jubelschrei aus: »Oh, vielen Dank, es ist einfach wunderbar, *Toute l'*Égypte.«

In dem hübsch verpackten Paket befand sich eine Art kleiner Sarkophag, in dem sich ein mit Hieroglyphen verzierter Parfumflakon befand, dessen Deckel den Kopf einer Mumie bildete.

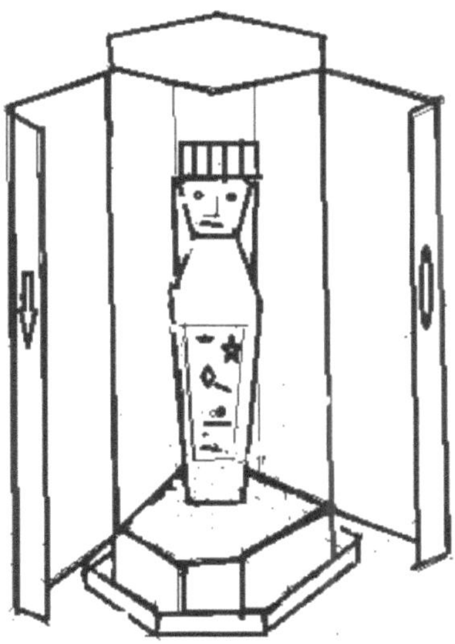

SIEBTES KAPITEL

ASUNCIÓN

Ein Brief aus Asunción kam, es war eine Einladung. Dort lebten Lucia und Agnese, zwei Cousinen. Inzwischen waren schon vier der Kinder aus dem Haus. Die Einladung war der Anlass, endlich auszuziehen, die Schulden waren bereits beglichen. Die Wiedersehensfreude war groß, man hatte sich viel zu erzählen. Der Vater erzählte die Geschichte von den Affen: »Ich war im Regenwald, trug meinen Filzhut auf dem Kopf und ahnte nichts Böses. Ich war vorsichtig wegen der wilden Tiere. Plötzlich war mein Hut weg und das, obwohl es windstill war. Über mir schwangen sich Affen von Liane zu Liane und von Ast zu Ast, die Schurken kreischten vor Freude und einer hielt meinen Hut in der Hand. Ich war so wütend und warf den Beutel mit Wucht auf den Boden und sofort warfen die Affen auch alles, was sie hatten, vor sich und so auch den Hut.«

Nach ihm ergriff die Mutter mit sanfter Stimme das Wort: »Wisst ihr noch von Fibo, unserem Hund, und dem Stinktier? An einem Abend kam Fibo nicht nach Hause. Am nächsten Morgen haben wir uns auf die Suche gemacht und ihn im Geräteraum gefunden, ein Stinktier bewachend.«

»Und wisst ihr noch von dem Meerschweinchen?«, rief Lucia. »Massimo und ich haben ein verletztes Meerschweinchen im Regenwald gefunden.«

Alle lachten.

»Oh ja«, fuhr sie fort: »Wir haben es gesundgepflegt, bevor Mutter auf den Gedanken kam, es zu verspeisen. Wir ließen es auf einer Lichtung frei, wo wir auch andere Meerschweinchen gesehen hatten. Plötzlich hörten wir einen Schrei und drehten uns um. Als wir dann nach unserem Schützling schauten, sahen wir an seiner Stelle eine große Schlange, mit einer Beule im Bauch. Das war unser Meerschweinchen … Wir waren voller Zorn und Angst, standen da wie versteinert, bis plötzlich ein Adler vom Himmel herabschoss und im Flug die Schlange mit sich riss. Schreiend liefen wir davon, als wäre der Teufel hinter uns her.«

Die Mutter nickte und sagte: »Oh ja, das weiß ich noch.«

Wieder lachten alle, nur Lucia war noch verlegen und das Beben in ihrem Herzen noch lebendig. Angelo erzählte von dem Tal der Schlange:

»Ramon war am Abend nicht zurückgekommen, er wollte kurz ins Tal der Schlange. Er verdiente nebenbei Taschengeld, indem eine Firma Schlangen lieferte zur Herstellung von Serum beim Schlangenbiss. Manoel und ich zogen los, um ihn zu suchen. Unterwegs im Regenwald gerieten wir in eine Gegend, in der es nur so von riesigen Schlangen wimmelte. Sie alle hatten verschiedene Größen und Farben, sie waren in der Paarungszeit und deshalb auch etwas unvorsichtig, sie verknoteten sich ineinander, in große Gruppen oder nur einige. Unter einer Palme lag Ramons Sack, leer. Nicht weit vom Fundort entfernt sahen wir eine schlafende Anaconda mit einem riesig ausgebeulten Bauch. Ramon war darin. Die letzte Zeit davor hatte er immer wieder von Albträumen erzählt: Die Königin der Schlangen hätte ihn bedroht. ›Vergreifst dich noch an meinen Kinder, bist du ein toter Mann.‹« Angelo schluchzte, verbarg vor Scham und Trauer das Gesicht in seinen Händen.

Die Mutter streichelte seinen Kopf. »Nach so lange Zeit ist es immer noch hart, nicht wahr?«

Agnese erzählte von Chico, dem Papagei: »In einer Liane verfangen hing ein junger Papagei und kreischte sehr laut. Als ich ihn endlich freibekommen habe, flog er zu mir auf die Schulter. Seit dem Tag war er ein Familienmitglied.«

»Was ist aus ihm geworden?«, fragte Torre.

»Als er in das Paarungsalter kam, fand er eine Partnerin und entschied sich für die Freiheit im Wald. Chico kam immer wieder zu Besuch, auch mit seinen Kindern, aber er flog immer wieder zurück in die Freiheit.«

»Ich wollte Angelo einmal das Fischen mit Speeren beibringen«, erzählte jetzt Massimo. »Wir standen im See, das Wasser bis zu den Hüften, da wurden wir Opfer von einem ganzen Schwarm von Blutegeln.«

Jetzt ergiff Yaquita das Wort: »Wir machten einmal Picknick am Rande des Waldes. Während die anderen vorbereiteten, mussten Massimo und ich eigentlich auf das Essen aufpassen, aber nein, Massimo wollte ein paar Riesenameisen füttern, die gerade in der Gegend zu ihrem Riesenhügel marschierten. Der Marsch wurde also umgeleitet. So schnell konnte man nicht sehen, wie sie sich über alles hermachten! Wir riefen zwar die Erwachsenen, aber das Picknick war versaut.«

»Lucia, du bist schon eine Weile hier«, sagte jetzt der Vater. »Was kannst du mir über die Stadt erzählen, wird sie uns gefallen?«

»Asunción ist die Hauptstadt von Paraguay, die Amtssprachen sind Spanisch und Guaraní. Sie liegt am linken Ufer des Rió Paraguay an der Bucht Asunción. Der Fluss mündet in den Rio Paraná und ergießt sich in die Meeresbucht des Rio de la Plata. Er teilt das Land in der Mitte. Im fruchtbaren östlichen Teil leben etwa 90 Prozent der Bevölkerung, hier gibt es viele Dörfer und Städte. Paraguay hat die Größe von Deutschland und der Schweiz zusammen. Durch die Verbindung zum Ozean ist Asunción ein wichtiger Binnenhafen Südamerikas. Die Stadt wurde am 15. August 1537 gegründet. Paraguay ist ein katholisches Land, sein Name bedeutet Maria Himmelfahrt. Im Sommer werden Temperaturen bis zu 43 Grad erreicht. Die Temperaturen fallen praktisch nie unter null. Viele Bäche münden im Rió Paraguay, in vielen Stadtteilen gab es praktisch auch Trinkwasser. Bei starkem Regen können sie sich in reißende Gewässer verwandeln und überfluten dann ganze Straßen und Grundstücke.«

»Yaquita, das letzte Stück ist meins!«, schrie Torre.

»Yaquita, gib ihm die Hälfte, das ist zu viel für dich allein.«

Nachdem die Mutter das Kuchenstück in zwei Hälften geschnitten hatte und wieder Ruhe eingekehrt war, begann Agnese zu erzählen: »Die vielen Lagunen sind auch Brutstätten für Steckmücken, die auch Malaria übertragen. Aufgrund der Bevölkerungsdichte kommt es oft zu Dengue- und Gelbfieberepidemien. Asunción wird in Distrikte und Stadtteile gegliedert. Das Freihandelsabkommen im Jahr 1858 hat Paraguay besonderen Aufschwung verliehen. Es wird mit Leder, Tabak, Zucker, Maniok, Erdnüssen, Rum und Mate gehandelt. Massimo ist dort beschäftigt. Viele Migranten, die für die Plantagearbeit angeworben wurden, scheiterten an der harten Arbeit und dem Klima, wanderten in urbane Zentren und gründeten die Favelas.«

Massimo sprach weiter: »Am Ende des 19. Jahrhunderts kamen viele Auswanderer aus Europa, aus Italien, Spanien, Deutschland, später aus der Türkei, Syrien und Libanon. Der Bauplan der Stadt und die Anordnung der Häuser sind wie in Europa nach strengem barockem Schachbrettmuster erfolgt. In den Gebäuden verschmelzen Kolonialarchitektur und importierte Stilelemente aus einzelnen Epochen und verschiedenen Regionen zu einem neuen Ganzen. Das Pantéon do los Heroes wird erbaut seit 1863 und sollte zu einer Art Invalidendom werden wie in Paris. Es sieht aus wie ein antiker Säulentempel: komplett in Weiß, Ornamente an den Sockeln und eine Kuppel im Stil der neo-klassizistischen Ära. Seit 1861 hat Paraguay seine eigene Eisenbahn. Beeindruckend ist die Catedral de Nuestra Señora de la Asunción. Der schlichte Bau mit Elementen des Barocks ist der Amtssitz des Bischofs. Die Frontseite hat drei Haupttore mit weiten Bögen und zwei Türme mit jeweils drei Stockwerken. In der Mitte befindet sich einer Kapelle. Von dieser Art Kathedrale gibt es viele in Paraguay. Wenn du willst, machen wir später einen Stadtrundgang.«

»Mutter, das musst du dir ansehen«, rief Lucia. »Die Innenarchitektur ist eine große Sehenswürdigkeit. Hohe Innenbögen, eine golden geschmückte Kapelle, luftige Innenräume, ein wahrlich lichtdurchfluteter Ort. Die Kanzel an der linken Seite war geschmückt mit unzähligen Figuren in goldenem Glanz. Der Altar ist ein Vermächtnis der Franziskaner und der Jesuiten, die das Land christianisierten. Er glänzt golden, überall sind Statuen von Heiligen verteilt. Die weiträumige Terrasse vor den Haupttoren dient als offene Kirche bei Veranstaltungen und schönem Wetter.«

»Der Wohnort von Francisco Solano López, heute der Regierungspalast, ist in U-Form gebaut«, sagte der Vater. »Mit dieser Pracht wollten die Paraguyaner ihre Nachbarländer und die Fremden beeindrucken, das habe ich gehört.«

»Die Fassade ist im neo-klassizistischen Stil gestaltet«, sagte Agnese, »die Treppen sind nach dem Vorbild des Pariser Louvre konzipiert und zeigen unzählige dekorative Stilelemente. Nur der Marmor für die Dekoration kommt aus Italien. Schon im Jahr 1920 gab es die Straßenbahn und die Eisenbahnlinie zwischen Argentinien und Asunción. Das Museum del Cabildo, früher Sitz des ersten Senates in Paraguay, hat wie in der Stadt üblich viele Bögen und großzügige

Terrassen im Hacienda-Stil. Das Casa da la Indipendencia, ebenfalls ein Museum, ist ehemaliger Wohnsitz der Familie Martinez und ehemaliger Treffpunkt der Untergrundbewegung gegen die Spanier.«

Etwa 35 Kilometer nordwestlich der Hauptstadt Asunción lag Itá. Eine kleine Ortschaft, die von Agrarwirtschaft, Töpferei, Korbflechten sowie dem Herstellen von Gegenständen aus Keramik lebte. Diese Ortschaft gefiel dem Onkel und der Tante und dort ließen sie sich mit Yaquita und Torre nieder. Mit dem gesparten Geld pachteten sie ein Grundstück mit Häuschen für zehn Jahre und züchten dort Alpakas.

Domenica blieb in Asunción und fand dort Arbeit als Bedienstete bei einer wohlhabenden Familie. Als gläubige Christin war sie jeden Sonntag in der Kirche. Die Catedral Metropolitana war der Treffpunkt der Einwohner, hier erfuhr man alle wichtigen Neuigkeiten und das stärkte die Gemeinschaft. Vor und nach der Messe am Sonntag unterhielt man sich, die Reichen kamen mit dem Auto, man verbeugte sich und grüßte einander freundlich. Der Aufenthalt in der Kapelle war wie das Eintauchen in eine andere Welt, das goldene Antlitz des Altars im Licht der Sonnenstrahlen und die hübschen Blumen waren eine Augenweide. Es war eine Atmosphäre der Geborgenheit. In diesem zeitlosen Raum vergaß man seine Sorgen und spürte, wie sich die Seele nach Nahrung sehnte.

An einem Sonntag fühlte sich Domenica belästigt von dem Blick eines jungen Mannes und wusste vor Scham und Unbehagen nicht, wie sie reagieren sollte. Die Kollegin neben ihr merkte das und amüsierte sich köstlich.

»Da, Domenica, dein Gatte«, raunte sie ihr lächelnd ins Ohr. »Es wäre Zeit, findest du nicht? Oder willst du als alte Jungfrau sterben?«

»Lass das, das gehört sich nicht«, wiegelte Domenica verlegen ab.

Ein junger Kirchendiener stieg auf das Podium und las aus dem zweiten Buch der Könige, Vers 14–25, Jona und der Wal, vor:

»Es geschah das Wort des Herrn zu Jona, dem Sohn Amitthais, und sprach: Mache dich auf und gehe in die große Stadt Ninive und predige wider sie, denn die Bosheit ist gekommen vor mir. Aber Jona machte sich auf und floh vor dem Herrn … Und da er ein Schiff fand … trat hinein. Da ließ der Herr einen großen Wind aufs Meer kommen und es erhob sich ein großes Gewitter auf dem Meer, dass man meinte, das Schiff würde zerbrechen. Und die Schiffsleute fürchteten sich und schrien … Aber

Jona war hinunter in das Schiff gestiegen, lag und schlief ... Er sprach zu ihnen: Ich bin ein Hebräer und fürchte den Herrn ... Nehmt mich und werft mich ins Meer ... Aber der Herr verschaffte einen großen Fisch, Jona zu verschlingen. Und Jona war im Leibe des Fisches drei Tage und drei Nächte ... Ich rief zu dem Herrn in meiner Angst und er antwortete mir ... Da machte sich Jona auf und ging nach Ninive ...«

Domenicas Augen wurden feuchter und bald flossen dicke Tränen über ihre Wangen. Ein Knoten wuchs und presste in ihrer Kehle. Es war sonderbar, sie wusste nicht, warum. Die Sonne stieg schnell höher, durch das Fenster fiel ein Strahl direkt auf den jungen Mann, der für einen Moment so hell erleuchtet wurde wie die Sterne im Firmament im Schleier der Ewigkeit. Da kreuzten sich ihre Blicke, bewusst und sehr intensiv musterten sie einander. Die Kollegin stieß »Amen« aus und auch Domenica raunte »Amen« und damit war die Messe zu Ende.

Die Reichen verließen die Kirche zuerst, danach herrschte reger Andrang, man hatte es plötzlich eilig, die Kirche zu verlassen.

Die Sonne war schon ganz oben am Himmelszelt und schimmerte blassrosa am Horizont, eine sanfte Brise erfrischte die heimkehrende Menge ein wenig. Die Leute gingen zügig, um Schutz vor der blendenden Gewalt der Sonne zu finden, auch Domenica beschleunigte ihren Schritt.

Der junge Mann und seine Ausstrahlung verfolgten Domenica bis in ihre Träume. Die Gedanken an sein rundes Gesicht, sein gekräuseltes, blondes Haar, seine türkisfarbenen Augen erfüllten sie mit Trauer und Neugier. Domenica träumte:

Sie war auf einem Boot, langsam paddelnd kämpfte sie bei ruhiger See, um weiterzukommen. Sie musste leise sein, man wusste nie, welche Wesen unter der Wasseroberfläche schlummerten und auf leichte Beute lauerten. Der Dunst der Nacht lastete schwer auf ihr. In dieser unwirklichen Landschaft, wo sich das Wasser mit dem Himmel vereinte und das Schwarz alles beherrschte, war Ruhe das höchste Gebot. Am Horizont war, noch ganz winzig, eine Lichtung zu sehen, die die Dunkelheit unterbrach. Domenica kämpfte sich weiter vorwärts. Schwache Farbmuster eröffneten eine neue Welt, doch die Dunkelheit war unnachgiebig und streckte ihre Krallen nach ihr aus. Domenicas Herz klopfte immer lauter. »Verrate mich nicht, mein Herz, ich komme bald hier raus«, flüsterte sie. Erst als das Licht sie vollends bestrahlte, schaute Domenica zurück, Auge in Auge der Dunkelheit gegenüber, wohl wissend, sie könne ihr nun nichts mehr antun. Am Ufer betrat sie das Land und war plötzlich von allen Seiten von märchenhafter Fülle umgeben. Bäume mit hellen Blättern in zauberhafter Landschaft, Koniferen, die geschmückt waren mit Kletterpflanzen und in denen Orchideen blühten, Palmen und Farne aller Arten. Inmitten der bunten Vegetation hörte man Vogelgezwitscher, Papageien und Pfauen zeigten ihre Pracht. Weiße und farbenfrohe Schmetterlinge flatterten einander umspielend umher. Seine warmen Hände lagen in den ihren, seine sanften Augen ruhten auf ihr. Angesicht zu Angesicht stand ihr der junge Mann aus der Kirche gegenüber und flüsterte schließlich: »Ein Herz und eine Hütte.«

Lange danach fragte sich immer noch, warum sie sich so schnell verliebt hatte.

ACHTES KAPITEL

ITÁ

»Warst du schon in Itá, Schatz?«, fragte Assunto, während sie mit dem Bus die Landschaft durchstreiften.

»Nein, aber ich weiß, dass ihr Spitzname auch Hauptstadt der Keramik ist. Itá wurde für die Guaraní gegründet, jedoch leben hier auch Mestizen und Kolonisten. Die nächste große Stadt ist Asunción. Der Grundriss der Stadt ist wie in vielen spanischen Städte auch wie ein Schachbrett angelegt. Hier herrscht südtropisches Klima.«

Assunto nickte beeindruckt. »Fantastisch, du warst bestimmt gut in der Schule, oder?«

»Naja, Schule war immer besser, als auf der Plantage zu arbeiten«, sagte Domenica lächelnd. »Sie war so etwas wie eine Verschnaufpause vor der harten Arbeit. Also, Itá wurde im Jahr 1539 gegründet, im Jahr 1868 war sie Schauplatz der Schlacht bei Loma Valentinas, eine Schlacht des Tripel-Allianz-Krieges.«

»Dabei wurden zwei Drittel der Bevölkerung geschlachtet«, warf Asssunto ein.

»Ja, das habe ich auch gewusst, schrecklich so etwas.«

»Du weißt viel dafür, dass du noch nicht so lange in Paraguay bist. Die Wirtschaft stützt sich auf Agrarproduktion, Töpferei und Korbflechten, mein Onkel kann bereits sehr gut flechten. Die Stadt ist auch bekannt für ihre Kröten aus Ton, schwarze Keramik und Glückshühner. Wir müssen unbedingt welche für die Tante besorgen. Sie wird sich darüber freuen.«

Am Busterminal stiegen Domenica und Assunto aus. Von hier zur Tante war es nicht weit, das Wetter war schön, also gingen sie zu Fuß weiter. Unterwegs trafen sie Massimo und kauften auf dem Mercado Municipal schnell Empanadas als Marschproviant.

Massimo hinkte, sein Bein war im Bürgerkrieg von 1922 bis 1923 verletzt worden.

»Um eins möchte euch bitten«, sagte er. »Bitte sprecht nicht von Filomenas Tod durch Giftschlangenbiss oder von Marias Tod durch Gelbfieber.«

Assunto schaute Domenica vorwurfsvoll an. »Von Maria hast du mir nie erzählt.«

Massimo seufzte tief. »Es war kurz vor dem Umzug nach Asuncíon. Das Klima machte Maria sehr zu schaffen und allmählich bestätigte sich der Verdacht, dass sie sich das tropische Gelbfieber eingefangen hatte. Sie hatte Schüttelfrost und Gliederschmerzen, die wir zunächst nicht weiter beachtet hatten. Bald sah es aus, als sei die Krankheit überstanden, bis Maria unvermittelt so schwach und fiebrig wurde, dass sie ihrer Arbeit nicht nachkommen konnte. Als Maria begann, Blut zu husten, hielten sich alle fern, niemand konnte sich leisten, krank zu werden. Der Arzt gab uns ein Pulver mit, das in heißem Wasser löslich war, für Maria kam das aber zu spät.«

Sehr lang sprach keiner mehr ein Wort.

Zum Mittagessen waren alle bei der Tante, wo Agnese tüchtig in der Küche half.

»Heute gibt es Bori Bori, Hühnersuppe mit Getreidebällchen, und als Beilagen Reis, Nudeln und Süßkartoffeln. Zu trinken gibt es eiskalten Tereré oder warmen Mate-Tee, köstlich, nicht wahr?«

Assunto nickte. Beim Essen unterhielt er sich mit dem Onkel, der den Gast kennenlernen wollte.

»Woher kommst du?«, fragte der Onkel. »Und was hast du vorher gemacht?«

»Ich bin in der italienischen Provinz Potenza geboren«, erzählte Assunto. »Ich war noch klein, als meine Eltern ausgewandert sind. Wir sind fünf Kinder, ich bin der Jüngste, die meisten aus meiner Familie sind schon zurückgefahren.«

»Wir kommen aus der gleiche Gegend«, sagte der Onkel.

Assunto erzählte weiter: »Nachdem wir uns von der Hacienda in Argentinien freigekauft haben, sind wir auch in die große Stadt gezogen. Die Favelas dort werden zu einem politischen Problem, sehr viele flüchten aus landwirtschaftlichen Gegenden und hoffen, in den großen Städten eine Chance zu haben. Meine Eltern haben auch eine solche illegale Behausung gebaut, die Gewalt und Skrupelosigkeit dort ist sehr groß. Ich fand die Arbeit in der Pampa sehr hart und habe in Asunción zum Glück eine Lehrstelle in einer Werkstattt gefunden, ich liebe Autos. Dort verdiene ich doppelt so viel wie in der Viehzucht oder in der Landwirtschaft.«

»Ah, ein ehemaliger Gaucho«, sagte Massimo schmunzelnd. »Gauchito Gil, Calfucurá, Manuel Namuneurá, das alles sind meine großen Kindheitsidole. Wie ging noch die Geschichte von Difunta Correa?«

»Difunta Correa war eine Frau, die 1841 während der Suche nach ihrem Mann angeblich in der Wüste Argentiniens verdurstet ist«, erzählte Assunto. »Ihr Säugling dagegen hat es überlebt, weil es an der Brust der Mutter lag. Ihr richtiger Name war Maria Antonia Deolinda y Correa. Kurz vor der Entbindung wurde ihr Mann von den Spaniern entführt, die Maultiertreiber retteten das hilflose Kind.«

»Die Gauchos brachten ihren Leichnam auf einen Hügel«, sagte Lucia. »Dieser ist nun ein berühmter Wallfahrtsort in Vallecito. Jeder Argentinier sollte einmal in seinem Leben dorthin pilgern. Ich war auch schon dort.«

»Sie gilt als Schutzheilige der Lkw-Fahrer«, warf Angelo ein.

Assunto nickte. »Sie ist auch das Symbol für die ideale Frau: treu und eine aufopferungsvolle Mutter.« Während er sprach, warf er Domenica verliebte Blicke zu.

Der Vater schenkte Schnaps in kleine Gläser und hob seines an. »Auf die Mütter!«

Die Männer tranken ihre Gläser in einem Schluck leer.

»Ihr Säufer nutzt doch jede Gelegenheit«, rief die Tante.

Alle lachten.

»Männer«, murmelte Yaquita.

»Der Wirbelsturm in Asunción letztes Jahr war furchtbar«, berichtete Lucia jetzt. »300 Leute sind gestorben, dazu kommt noch der Bürgerkrieg, die Zerstörung ist groß.« Sie wandte sich an Assunto. »Ich habe dich schon mal gesehen.«

»Ja, in der Kirche am Sonntag«, sagte Assunto lächelnd.

Torre, das achtjährige Nesteckchen, rief: »Man hat ein Chaco-Pekari gefunden.«

»Und was ist das?«, erkundigte sich Domenica.

»Das ist eine Art Wildschwein, ein Überbleibsel aus der Urzeit, sie nennen das pläistozäne Fossilien, das haben wir in der Schule gelernt.« Lässig fuhr er fort: »Es lebt zwischen Chaco und Paraguay, hat ein braungraues Fell, einen etwas helleren Schulterkragen und einen schwarzen Streifen auf dem Rücken. Kopf und Nase sind größer als bei anderen Schweinen.«

»Übrigens«, kündigte die Mutter an. »Heute Abend gibt es Schweinskopf unter der Erde, mit Parrilladas«

Yaquita rief: »Und wie nennt man Schweinskopf unter der Erde?«

»Yvyguy«, riefen alle wie aus einem Mund und lachten dabei herzlich.

Diesen Nachmittag spielte Angelo den Fremdenführer und präsentierte ihnen die Ortschaft. Zuerst wollte er ihnen die Lagune zeigen, doch sie wurden von Yaquita und Torre unterbrochen, die angelaufen kamen und schon von Weitem schrien, dass sie dabei sein wollten.

»Solltet ihr Vater nicht bei den Alpakas helfen? Ihr Strolche!«

»Bitte, Angelo, das kann Vater doch allein.« Torre war noch atemlos wegen des Rennens und fügte keuchend hinzu: »Angelo, bitte!«

Angelo gab nach. Yaquita griff gleich nach Assuntos Hand und Torre nach der von Domenica.

Die Lagune war atemberaubend schön und umgeben von unzähligen Büschen und Bäumen. Neben dem Steg stand noch eine Hütte aus der Kolonialzeit.

»Kennst du die Legende von der Lagune, Assunto?«, fragte Yaquita.

»Nein, nur zu!«

Torre rollte mit den Augen.

»Es geschah im Tripel-Allianz-Krieg. Hier lief die Armee durch das Land und begegnete einer alten Frau am Brunnen in ihrem Hof. Die Soldaten verlangten nach Wasser. Die Frau verweigerte es und schon bald kam es zu einer Überflutung, die das ganze Haus begrub. Daraus bildete sich eine Lagune. Die Legende sagt, im Haus war Gold, das die Lagune vor der Plünderung bewahren wollte.«

»Hätte ich auch gewusst«, schimpfte Torre beleidigt und streckte die Zunge raus.

Alle mussten lachen.

»Torre, das nächste Mal bist du dran«, sagte Angelo und alle nickten zustimmend.

Vor einigen Häusern rund um die Lagune saßen Leute, allein oder in Gruppen, flochten Körbe und genossen die Sonne.

»Bom Diás, Juan Bautista«, grüßte Angelo freundlich.

»Bom Diás, ich sehe, dein Besuch ist schon da.«

Bei einer Töpferei blieben sie stehen. Bunte, prachtvolle Figuren waren ausgestellt und Domenica wollte ein Andenken für die Tante kaufen.

»Da«, sagte Torre: »Das Glückshühnchen ist wie für Mamma gemacht.«

»Na, Yaquita, was denkst du?«, fragte Assunto.

»Ja, ideal.«

Überall begegneten sie fremden Gesichtern, hochgewachsenen Menschen, einige blond und die meisten mit blauen Augen.

»Es sind so viele von ihnen«, sagte Torre.

»Sie nennen sich Mennoniten«, erklärte Angelo. »Sie sind Nachfahren einer Religionsgemeinschaft, die im 16. Jahrhundert aus Deutschland kam, Ostfriesen. Seit letztem Jahr kommen sie unaufhörlich, sie haben die Kolonie von Menno gegründet.«

»Und seit Dezember 1926 kommen auch Flüchtlinge aus Russland«, fügte Yaquita hinzu.

An der Kirche San Blas schrie Torre: »Jetzt will ich! San Blas ist eine Franziskanerkirche aus dem Jahr 1698. San Blas ist der Beschützer von Itá und von Paraguay, am dritten Februar ist sein Namenstag. San Blas war ein Bischof im vierten Jahrhundert, er hat einem Jungen, dem eine Fischgräte im Hals stecken geblieben war, das Leben gerettet, indem er ihm zwei gekreuzte Kerzen auf den Hals legte.«

»Und weißt du noch, welchen Beruf San Blas davor ausgeübt hatte?«, fragte Domenica prüfend.

»Nee«, antwortete Torre etwas verschämt.

»Er war Hals-Nasen-Ohren-Arzt.«

»Ich habe es gewusst«, sagte Torre prompt.

»Aber sicher, Engelchen«, sagte Domenica und tätschelte den Kleinen.

»Die Messe findet oft nicht in der Kirche statt«, sagte Angelo, »sondern auf der breiten Terrasse. Bei der Hitze kein Wunder.«

An der Stirnseite der Kirche waren fünf große Bögen, in der Mitte stand eine vierstöckige Kapelle mit Außentürmen an den Seiten, alles in Weiß. Alle blieben eine Weile stumm stehen und staunten.

Die Kirche von San Blas in Itá

Am Abend saßen sie auf der Veranda, genossen den Blick auf das Grundstück, die Alpakas und ihr Abendessen. Die Mutter hatte den Schweinskopf aus der Erde geholt, zu trinken gab es kühles Bier, wie üblich aus einem Glas für alle, aber kühl serviert, außerdem Wasser und Cena, Zuckerrohrsaft mit Honig. Zur Parriladas, gegrilltem Fleisch, gab es als Beilagen Mais, Reis, Maniok, Bohnen, Süßkartoffeln, Kochbananen, Ananas und Mangos.

Angelo begann: »Die Spannungen mit Bolivien nehmen kein Ende. Das Militär ist überall und bekleidet öffentliche Ämter.«

Massimo nickte. »Ja, für Saisonarbeiter ist das eine schlechte Zeit.«

»Worum geht es denn?«, fragte Assunto.

Agnese ergriff das Wort: »Du weißt von den Mennoniten aus Russland, Kanada und Mexiko. Sie haben in Gran Chaco in einer hoffnungslosen Gegend eine erfolgreiche Kolonie gegründet. Seit 1920 wartet eine Ölfirma aus den USA darauf, mit der Bohrarbeit beginnen zu dürfen. Bolivien hat einen Vertrag unterschrieben. Das Dilemma ist, dass Gran Chaco Niemandsland ist und Paraguay auch ein Wort dabei mitreden will.«

»Und?«, fragte Angelo. »Glaubst du wirklich, dass es dort Ölvorkommen gibt?«

»Bolivien will Gran Chaco auf jeden Fall, da es durch den letzten Krieg den Zugang zum Meer verloren hat«, sagte der Vater.

Zum Schluss, als die letzten hellen Streifen den Horizont verließen, gab es Erdnüsse mit Honig. Sie saßen um das Lagerfeuer und genossen den Zauber der Nacht.

Assunto berichtete schwermütig, was er gesehen hatte: »In Argentinien fehlt von Ruhe und Frieden jede Spur. Die politischen Spaltungen sind tief. Die Gauchos organisieren sich und die konservative Oppositionsbewegung gewinnt an Macht, sie manipulieren die Wahlen. Was zählt, sind die Reichen und Mächtigen, die Stimme des Volkes ist uninteressant.«

»Auch in Paraguay spitzt sich die Lage mehr und mehr zu«, fuhr Massimo fort. »Die politischen Parteien der Konservativen und Liberalen sorgen für Instabilität. Seit 1915 haben wir Spannungen mit Bolivien. Der Chacokrieg rückt näher. Der Bürgerkrieg von 1922–1923 hat auch hier viele Schäden angerichtet. Ich musste zur Armee, jetzt bin ein Krüppel.«

»In Argentinien gehen die Bestellungen von neuen Gütern zurück«, sagte Assunto. »Etwas braut sich zusammen. Es gibt auch keine Arbeit mehr, während des Bürgerkriegs wurde unsere Werkstatt verwüstet und ich bin am Arm verletzt worden.« Er zeigte die tiefe Narbe an seinem rechten Arm. »Das waren die Gangster mit ihren Macheten.«

Der Vater übernahm das Wort: »Ja, dieser Placido Jara, dieser Handlanger der Regierung.«

Voller Begeisterung platzte Torre in das Gespräch: »Aber er soll auch mit seinem Überraschungsangriff hinter die feindlichen Linien in Chaco den Krieg erst zu Ende gebracht haben, sodass kein weiteres Blutvergießen nötig war.«

»So, Torre«, sagte der Vater entschieden. »Kinder gehören jetzt ins Bett.«

»Alle sagen, er war ein Held«, fuhr Torre unbeirrt fort. »Wenn ich groß bin, will auch so wie er werden.«

Die Erwachsene riefen aufgebracht durcheinander. »Aber Torre, Massimo hat fast das Bein verloren, als er uns vor diesem Gangster schützen wollte.«

»Dieser Jara war kein Held«, sagte Agnese sauer.

»Aber das lernen sie wohl in der Schule«, sagt die Mutter jetzt ernst. »Und vielleicht, Torre, vielleicht hast du sogar recht.«

Ernst schaute sie in die Runde und alle begriffen, während Torre die Tränen frei laufen ließ. Die Mutter ging mit Torre im Arm ins Haus. Yaquita folgte den beiden, nachdem sie auch einen bösen Blick in die Gruppe geworfen hatte.

Nach einer Weile sagte Massimo: »Ja, genauso wie bei José T. Caceres, er hat den Ñeembucú-Bezirk auf dem Gewissen.«

»Der Pachtvertrag für unsere Parzelle ist abgelaufen«, sagte der Vater seufzend. »Er wird nicht verlängert wir müssen bald ausziehen, aber wohin?«

»Mit dem Militärpusch 1889 wurde die Sklaverei abgeschafft, aber das Militärregime herrscht immer noch«, sagte Angelo. »In Brasilien haben wir das gleiche Problem.«

»Viele Italiener fahren zurück, der Hafen ist immer voll«, sagte Lucia etwas zurückhaltend, da sie nicht noch mehr beunruhigen wollte. »Die Italiener sind in der Minderheit, wir besetzen nur noch drei kleine Bezirke in Paraguay.«

Nach längerem Schweigen sagte Massimo: »Vielleicht sollen wir auch gehen, sonst holen sie uns in die Armee und wer weiß, wohin sonst.«

Die Mutter hatte an der Tür gelauscht und sagte jetzt: »Das ist wahr, es ist kaum noch Arbeit, vielleicht sollten wir alle gehen, solange es noch möglich ist.«

Eine Weile schwiegen alle.

»Nach all dem, was wir mitgemacht haben?« Die Mutter war den Tränen nahe, als sie sprach. »Hier sind wir zu Hause, dort sind wir die Ausländer. Ich habe von Mussolini gehört, in Italien herrscht auch ein Militärregime.«

»Wir haben Geld gespart«, sagte Domenica hoffnungsvoll. »Wir kaufen in Mormanno ein Häuschen, Assunto kann als Mechaniker arbeiten, dann wären wir schon versorgt.«

»Da ist was dran«, sagte der Vater, »man muss investieren, zu viele Bankgeschäfte platzen, Bankverbindlichkeiten sind nicht immer möglich. Viele Banken verschwinden urplötzlich.«

»Wir gehören doch hierher Mamma, hier sind meine Freunde«,

schluchzte plötzlich Torre hinter ihnen. Tränen benetzten sein hübsches Gesicht.

»Torre, warum schläfst du nicht?«, rief die Mutter, umarmte ihn und fuhr betrübt fort: »Wir sind hier nicht mehr sicher, das weißt du. Die Armut wird größer, die Krankheiten, die Missernten, die Heuschreckenplagen nehmen in letzter Zeit kein Ende«

Der Vater sprach entschlossen: »Ich werde vorschlagen, dass wir alle zurückfahren, solange noch Geld da ist.«

Zum Frühstück gab es Weißbrot mit Aufstrich, Teigtaschen mit verschiedenen Füllungen, dazu Tereré, Wasser und Mate. Mate anzubieten war ein Zeichen der Höflichkeit und Gastfreundschaft. Sowohl die Vorbereitung als auch das Trinken wurde wie eine Kunstform zelebriert.

Der Gastgeber trankt als Erster vom Mate, weil er am Anfang am bittersten schmeckte. Die Mate-Äste zur Gewinnung von Terané oder Mate werden von Mai bis September geschlagen und geröstet. Dadurch werden die Enzyme zerstört und die Fermentation gestoppt, die Farbe bleibt und die charakteristischen Aromen entstehen. Zum Trinken benutzt man eine Bombilla, einen Trinkhalm aus Metall mit einem Sieb am unteren Ende. Die Trinkgefäße werden bis zur Hälfte mit Yerba gefüllt, einem Kraut. Das wird mit Wasser aufgegossen, 70–95 Grad heiß bei Mate, eiskalt bei Tereré.

»Die Wirtschaftslage wird schlechter«, sagte Massimo. »Europa will nicht mehr importieren. Wir haben so viel durchgestanden, Arbeit ist knapp, Filomena und Maria haben wir verloren und trotzdem hatten wir auch gute Zeiten. Wenn so viele Völker sich hier niederlassen, dann haben wir auch eine Chance.«

»In Paraguay sehe ich keine Chance«, sagte Angelo traurig. »Immobilienmakler haben die Gunst der Stunde ergriffen und 15 Millionen Hektar paraguayischen Boden für 60 Käufer gekauft, darunter das argentinische Unternehmen Carlos Casado. Die verkaufen zum Wucherpreis an Einwanderer weiter.«

»Die Spannung mit den Ureinwohnern steigt«, murmele Massimo. »Es wurden gerichtliche Klagen eingereicht.«

»Warum?«, fragte Assunto.

»Die weißen Siedler betreiben intensive Weide- und Landwirtschaft«, erklärte Angelo. »Das bedeutet, dass der Waldboden für die Ureinwohnern weniger wird. Ziegen und Rinder zerstören den Wald und damit ihre Lebensgrundlage, denn sie leben von der Jagd, vom Fischen, vom Sammeln von Früchten und Kräutern.«

»Fürwahr nur Schwierigkeiten«, seufzte Assunto.

Es wurde lange diskutiert, man erwog auch die Möglichkeit, dass es vielleicht bald besser würde. Am 12. Oktober 1931 war leider schlechtem Wetter bei der Einweihung der Christusstatue in Rio de Janeiro auf dem Berg Concovado. Die Statue war 30 Meter hoch, 1156 Tonnen schwer und hatte eine Spannweite von 28 Metern. Baumaterial war Stahlbeton, der aus einem Mosaik aus Speckstein überzogen wurde. Die Statue stand auf einem acht Meter hohen Sockel, in dem sich eine »Unserer Lieben Frau von Aparecida« geweihte Kapelle befand. Es war die damals höchste Kapelle der Welt, sie blickte auf den Zuckerhut.

Bei der Hinfahrt sahen sie entlang der Landstraße zahlreiche rote Fahnen. Der Tankstellenbesitzer stammte wohl aus Argentinien, wo Gauchito Gil, der Patron der Auto-, Bus- und Lastwagenfahrer, sehr populär war und oft mit Schreinen und roten Fahnen geehrt wurde. Im Vorbeifahren dachte man an Gauchito Gil und hoffte auf eine gute Reise.

Assuntos Herz hämmerte so stark wie damals, als er als junger Gaucho zum ersten Mal von Gil gehört hatte.

Zum Schluss, ein paar Jahre später, waren alle einer Meinung, sie würden abreisen, solange das Geld noch reichte.

Es war schon hell am Hafen und trotzdem fühlte sich Domenica gefangen in ihrem nächtlichen Albtraum, wo die Dunkelheit alles im Griff hatte, den Himmel, das Meer und die letzte Hoffnung.

›Abschied nehmen‹, dachte sie noch, ›kann ich nicht, ich werde mein Herz hier lassen‹.

Containerschiffe wiegten sich im Hafenbecken, man hörte die Ankerketten knarren und die Wellen schlugen an die Seitenwände. Sie waren enorm, etwas bizzar in bunten Farben. Es herrschte große Betriebsamkeit. An einem Kai waren gigantische weiße Kreuzfahrtschiffe vertäut, die gerade eine Herde von Touristen an Land entließen. Der ausströmende Geruch von Teer und Salz bei rythmischen Wellengang und die schreienden Möwe vertrieben die trüben Gedanken.

Es wimmelte nur so von Italiener, alle wollten nichts wie weg. Man hörte auch, dass viele neue Einwanderer das Land überschwemmten, kein Wunder, viele Großfirmen aus dem Ausland, besonderes aus Deutschland, hatte hier Filialen gegründet. Assunto dachte noch: ›Ich werde meinen Kindern von den Gauchos in Argentinien erzählen. Ich werde ihnen sagen, dass die ersten Mestizen waren, die sich von den Fesseln ihrer Kultur befreit haben und in die Einsamkeit der Pampa ausgewandert sind. Ihre Stellung ist jener der Kreuzritter ähnlich und jene der Cowboys in Nordamerika. Sie führten ein Nomadenleben, waren aber bekannt für ihre Güte, Treue, ihren Kampfgeist, ihr politisches Denken, ihren Sinn für Gerechtigkeit und Ehre.‹

Das Gaucho-Lied könnte er dann wieder singen, wenn er in Italien Gleichgesinnte finden würde.

Domenica hielt den schlafenden kleinen Antonio im Arm. Die Granithügel, die Strände und die Ufer färbten sich allmählich mit einem rosa Schleier, die Morros aber brannten rotgesättigt an den Strahlen der roten Sonne Brasiliens. Assunto nahm ihre freie Hand und flüsterte: »Ein Herz und eine Hütte«, und die warme Brise löste eine Träne aus Domenicas Auge.

QUELLEN

https://de.wikipedia.org/wiki/HaziendaKaffeezentrale.de/Brasilien

https://es.wikipedia.org/wiki/Wikipedia:PortadaGeschichte Südamerika-wikipedia

https://argentina.com/Länder-lexikon.de/Südamerika

https://www.youtube.com/

https://de.wikipedia.org/wiki/Dampfschiff

https://www.welt.de/kultur/

https://www.essen-und-trinken.de/rezepte/40173-suedamerikanische-rezepte

https://www.südamerika.info/flora-fauna/

https://de.wikipedia.org/wiki/Chacokrieg

https://de.wikipedia.org/wiki/Schwarzer_Freitag